◎绍兴市中等专业学校立文化读本

立文化 悦人生

傅卫莉　沈兆钧　主编

浙江工商大学出版社
ZHEJIANG GONGSHANG UNIVERSITY PRESS
·杭州·

图书在版编目(CIP)数据

立文化 悦人生 / 傅卫莉,沈兆钧主编. — 杭州：
浙江工商大学出版社,2021.12

ISBN 978-7-5178-4736-6

Ⅰ.①立… Ⅱ.①傅… ②沈… Ⅲ.①德育—中等专
业学校—教学参考资料 Ⅳ.① G711

中国版本图书馆 CIP 数据核字 (2021) 第 239736 号

立文化　悦人生

LI WENHUA YUE RENSHENG

傅卫莉　沈兆钧　主编

责任编辑	厉　勇
责任校对	张春琴
封面插图	蒋念文
封面设计	王亚英
责任印制	包建辉
出版发行	浙江工商大学出版社
	（杭州市教工路 198 号　邮政编码 310012）
	（E-mail：zjgsupress@163.com）
	（网址：http://www.zjgsupress.com）
	电话：0571-88904980,88831806（传真）
排　　版	杭州朝曦图文设计有限公司
印　　刷	杭州高腾印务有限公司
开　　本	787 mm × 1092 mm　1/16
印　　张	7.25
字　　数	95 千
版 印 次	2021 年 12 月第 1 版　2021 年 12 月第 1 次印刷
书　　号	ISBN 978-7-5178-4736-6
定　　价	28.00 元

　　"文章千古事，得失寸心知"，经过中专同仁们为期一年多精益求精的潜心磨砺，《立文化 悦人生》终于要和读者见面了。

　　本书以绍兴市中等专业学校（以下简称绍兴中专）"立文化"为编写的核心理念，旨在引导学生以"立文化"为价值引领，立天地之间，悦百态人生。"万物有所生，而独知守其根"，文化是一所学校的精神之根，是学校的灵魂。绍兴中专的"立文化"蕴藏着深厚的历史渊源，它源自儒家的"立人精神"。孔子在《论语·雍也》篇中说："己欲立而立人，己欲达而达人。"心学大师王阳明也指出："志不立，天下无可成之事。"被誉为"民族魂"的鲁迅先生也提出："中国欲存争于天下，其首在立人，人立而后凡事举。"学校的"立文化"不仅有深厚历史积淀，又兼具时代精神和职教特色，就是要立职教潮头，培育素养与技能兼备之百业人才；立天地之间，服务经济社会和人的发展。习近平总书记指出："人无精神不立，国无精神不强。"学校将"文化立人，品质立校"的理念融于办学的全过程，努力让学生更出彩、老师更光彩、学校更精彩。

　　本书在编写思路上，以传承中华优秀传统文化、革命文化、社会主义先进文化等"三种文化"为彩线串珠，贯穿整个读本；以"任务+活动项目"为框架，指导学生开展活动化、沉浸式研学，让学生在系统了解学校"立文化"内涵的基础上，不断增进文化认同，坚定文化自信。在编写内容上，围绕"立文化"六个维度的内涵,编写"立德""立志""立行""立规""立言""立行"六个单元;在编写体例上,由"文化传承带""吟唱新体验""是非显微镜""活动实践录""三行书话情"五个模块组成。整个读本创设丰富多彩的活动样式,集阅读、吟诵、歌唱、鉴别、写作于一体,让学生在阅读、实践、体验和感悟中,感受学校"立文化"的显著成果,在思想理念、传统美德、人文精神的熏陶中,唤醒每一位中专学生的灵魂,为每一位中职生"插上一双梦想的翅膀",不断勉励学生成为自信、阳光的"职教之星",成为勇立职教潮头的弄潮儿,成为社会需要的高素质技术技能人才、能工巧匠、大国工匠。

编 者

2021年8月

目录
CONTENES

第一章　心底无私天地宽：立德篇 …………………………………… 1

文化传承带 ………………………………………………………… 2

■ 追根溯源 ………………………………………………………… 2

■ 乡贤行思　大禹：功德著千秋 ………………………………… 3

■ 妙悟古今　管宁割席（节选） ………………………………… 5

　　　　　　　宗月大师 …………………………………………… 6

吟唱新体验 ………………………………………………………… 10

是非显微镜 ………………………………………………………… 12

　　金大师的幸福 ………………………………………………… 12

　　爱心遭遇的寒潮 ……………………………………………… 14

活动实践录 ………………………………………………………… 16

　　乐乐姐姐关于"感动中专人物"评选的一封信 ……………… 16

三行书话情 ………………………………………………………… 20

第二章　志坚不畏事不成：立志篇·················· 21

文化传承带·· 22

■ 追根溯源 ·· 22

■ 乡贤行思　王阳明：人生须立志，立志当高远········ 23

■ 妙悟古今　凿壁借光 ····························· 25

　　　　　　人生的意义与价值 ····················· 26

吟唱新体验·· 29

是非显微镜·· 31

　　人生因志而精彩 ······························· 31

　　巨星的陨落 ··································· 33

活动实践录·· 35

　　做一个追梦青年 ······························· 35

三行书话情·· 38

第三章　小荷才露尖尖角：立业篇·················· 39

文化传承带·· 40

■ 追根溯源 ·· 40

■ 乡贤行思　人民的好总理周恩来：鞠躬尽瘁，为中华之崛起·········· 41

■ 妙悟古今　书断·王羲之（节选）··················· 43

　　　　　　"大国工匠"李万君：在平凡中非凡（节选）·········· 44

吟唱新体验·· 47

是非显微镜·· 49

　　心若向阳，无谓悲伤 ····························· 49

　　断　箭 ······································· 50

活动实践录·· 52

　　文技之旅　你是明星——绍兴中专技能文化节邀请函········· 52

三行书话情·· 54

第四章　无规矩不成方圆：立规篇 ·············· 55

文化传承带 ·················· 56

- ■ 追根溯源 ············· 56
- ■ 乡贤行思　鲁迅：刻"早"为尺，珍惜时间 ············· 57
- ■ 妙悟古今　奉公守法 ············· 59
  　　　　　　尊重规则（节选） ············· 60

吟唱新体验 ·················· 62

是非显微镜 ·················· 64

　　王秋林老师的教育智慧：规范与自由的和谐统一 ············· 64
　　和平年代的动物园：被漠视的规则和消逝的生命 ············· 66

活动实践录 ·················· 68

　　养成"一派（π）好习惯"　提高职业素养 ············· 68

三行书话情 ·················· 70

第五章　夜来忽梦笔生花：立言篇 ··············· 71

文化传承带 ·················· 72

- ■ 追根溯源 ············· 72
- ■ 乡贤行思　秋瑾：炮火中的铿锵玫瑰 ············· 73
- ■ 妙悟古今　孔融认亲 ············· 75
  　　　　　　四十年来的写作（节选） ············· 76

吟唱新体验 ·················· 78

是非显微镜 ·················· 80

　　一位特别的校长：把每一个学生都当作宝贝 ············· 80
　　沦为"谣言传播者"的环保专家 ············· 82

活动实践录 ·················· 84

　　创业计划书 ············· 84

三行书话情 ·················· 88

第六章　君子不重则不威：立行篇·············· 89

文化传承带····················· 90

■ 追根溯源 ··················· 90

■ 乡贤行思　勾践：卧薪尝胆，三千越甲可吞吴 ········· 91

■ 妙悟古今　劝学（节选） ············· 93

　　　　　　我喜欢出发 ··············· 94

吟唱新体验····················· 96

是非显微镜····················· 98

　　潘妈妈的温暖 ··············· 98

　　一次争吵，满是悲伤 ·············· 100

活动实践录····················· 102

　　乐乐姐姐讲礼仪——行为有度，举止有礼 ········· 102

　　好家风行正气——指尖上的"家书"征集活动 ········· 104

三行书话情····················· 105

参考文献····················· 106

第一章

心底无私天地宽：立德篇

德之不修，学之不讲，闻义不能徙，不善不能改，是吾忧也。

——孔子

一个人最伤心的事情无过于良心的死灭。

——郭沫若

万物有灵，皆有德行。上善若水，宁静致远；虚怀若谷，淡泊明志。

是什么改变了我们的命运？是知识。而苏格拉底说，美德就是最大的知识。人生路上遇到的一切都是过去的风景，而道德，才是我们需要跋涉到达的终点。

心怀至善，我们便能海纳百川；胸藏浩然，我们始可立于千仞。不忘初心，方得始终。让德行成为我们头顶的灿烂星空。

由内在的涵养，
到外在风范的卓尔不群，
让我们都成为一名有「德」者。

■ 追根溯源

太上有立德，其次有立功，其次有立言，虽久不废，此之谓不朽。①

①选自《左传·襄公二十四年》，中华书局2012年10月第1版。《左传》相传是春秋末期的鲁国史官左丘明所著。

辨其真意

人生最高的境界是树立高尚的道德；其次是事业追求、建功立业；再次是有知识有思想、著书立说，提出真知灼见。此三者是虽久不废、流芳百世的。

"三立"，现在我们可理解为为人处世的三个重要标准，或者说是成功人生的"三部曲"，即做人、做事、做学问的标准。之所以把"立德"摆在第一位，是因为万事从做人开始。

学以致用

当你看到一个个进取自信的校友，你的胸中是否也满怀豪情？当你走在和谐美好的校园，你的心境是否也豁然澄明？当你与同学共论美好未来，你是否很期待前途一片光明？遵章守纪，修身立德，是新时代的召唤，也是我们改变自我、提高自我、升华自我的必然选择。所谓"不以规矩，不能成方圆"。作为一名中专学子，努力提升个人的道德修养是我们应该履行的义务，更是我们不懈的追求。

大禹：功德著千秋

　　大禹作为我国古代著名的立国之祖和治水英雄，以其事必躬亲的治水精神，光辉卓著的品行业绩备受后世传颂爱戴。绍兴东南郊会稽山上矗立着一座高达二十米、器宇轩昂、英姿赫赫的大禹石雕，雕像头顶遮风挡雨的冠笠，手握开山挖河的神耒，目光坚毅、襟怀坦荡。这座雕像生动再现了大禹率领千军万马与汹涌洪水搏斗的雄姿。被他坚定的目光牵引，我们仿佛来到四千多年前，那个九州大地洪荒肆虐的时代。

　　大禹的父亲鲧治水九年不见成效被舜处罚，舜转交治水重任，大禹顾全大局欣然领命，并且吸取教训，采用因势疏导的方法引流入海。他披星戴月、亲力亲为，足迹遍布天下。

　　大禹兢兢业业治水十三年、三过家门而不入的事迹传为美谈。传说大禹治水行至绍兴涂山，邂逅一位名叫女娇的美丽姑娘。这位姑娘姿容脱俗、楚楚动人，大禹初次相见就十分倾慕，而温柔恬静的女娇对睿智果敢、充满阳刚之气的大禹也芳心暗许，两人情投意合，大禹随即娶她为妻。可是新婚第四天，公而忘私的禹毅然告别爱妻继续踏上治水征程。大禹之后曾多次途经家门，但就算妻子分娩，幼子在娇妻怀中向他招手，都未能让大禹停止前行的步伐。有一次，已经长到十余岁的大禹之子启在家门口牵着父亲的手，苦苦请求大禹进屋一叙，这极其卑微而合理的要求却没有得到满足，大禹的忘我精神可钦可佩。经过禹不辞辛苦的长期治理，咆哮的河水终于不复昔日狰狞，驯服地向东平缓流淌，荒芜之地化为一片片沃土，人民过上了安居乐业的生活。

虽然建立了如此盖世奇功，但大禹并未自以为是。《史记·夏本记》中记载："帝舜荐禹于天，为嗣。十七年而帝舜崩。三年丧毕，禹辞辟舜之子商均于阳城。"大禹若在当时继承帝位，可以说完全是顺理成章的，但是他一开始并没有那样做。大禹的绝对权威和影响力早已遍及九州，深入人心，天下诸侯"皆去商均而朝禹"，在推托不了的情况下，他才"即天子位，南面朝天下"。可见大禹的谦恭姿态和对权力、地位的淡泊境界。

"导江河，平水患，万世永赖；受禅让，会诸侯，俎豆千秋。"纵观中国五千年的历史，作为中华民族共同祖先的大禹，他是全人类向大自然"宣战"的第一人，也是中国远古文明的伟大缔造者。大禹所表现出的公而忘私、忧国为民的奉献精神，艰苦奋斗、坚韧不拔的创业精神，尊重自然、尊重规律的科学精神，勇于探索、开拓进取的创新精神，联系万邦、九州大同的团结精神，几千年来不断被中华儿女发扬光大，使大禹精神超越了时代的界限，升华为整个中华民族的精神。大禹的功德，千古传颂；大禹的精神，万民仰止！

■ 妙悟古今

管宁割席（节选）①

　　管宁、华歆共②园中锄菜，见地有片金。管挥锄与瓦石不异，华捉③而掷去之。又尝同席④读书，有乘轩冕⑤过门者，宁读如故，歆废书⑥出观。宁割席分坐，曰："子非吾友也。"

①选自《世说新语·德行》，中华书局1999年2月第1版。本篇通过管宁、华歆二人在锄菜见金、见轩冕从门前经过时的不同表现，显示出二人德行之高下。

②共：一起。

③捉：拿起来，举起，握。

④席：坐具，坐垫。古代人常铺席于地，坐在席子上面。

⑤轩冕：指古代士大夫所乘的华贵车辆。轩，古代的一种有围棚的车。冕，古代地位在大夫之上的官戴的帽，这里指贵官。

⑥废书：放下书。废，停止。

宗月大师[①]

老 舍

在我小的时候，我因家贫而身体很弱。我九岁才入学。因家贫体弱，母亲有时候想叫我去上学，又怕我受人家的欺侮，更因交不上学费，所以一直到九岁我还不识一个字。说不定，我会一辈子也得不到读书的机会。因为母亲虽然知道读书的重要，可是每月间三四吊钱的学费，实在让她为难。母亲是最喜脸面的人。她迟疑不决，光阴又不等待着任何人，晃来晃去，我也许就长到十多岁了。一个十多岁的贫而不识字的孩子，很自然地去做个小买卖——弄个小筐，卖些花生、煮豌豆，或樱桃什么的。要不然就是去学徒。母亲很爱我，但是假若我能去做学徒，或提篮沿街卖樱桃而每天赚几百钱，她或者就不会坚决地反对。穷困比爱心更有力量。

有一天刘大叔偶然地来了。我说"偶然地"，因为他不常来看我们。他是个极富的人，尽管他心中并无贫富之别，可是他的财富使他终日不得闲，几乎没有工夫来看穷朋友。一进门，他看见了我。"孩子几岁了？上学没有？"他问我的母亲。他的声音是那么洪亮，（在酒后，他常以学喊俞振庭的《金钱豹》自傲）他的衣服是那么华丽，他的眼是那么亮，他的脸和手是那么白嫩肥胖，使我感到我大概是犯了什么罪。我们的小屋、破桌凳、土炕，几乎禁不住他的声音的震动。等我母亲回答完，刘大叔马上决定："明天早上我来，带他上学，学钱、书籍，大姐你都不必管！"我的心跳起多高，谁知道上学是怎么一回事呢！

第二天，我像一条不体面的小狗似的，随着这位阔人去入学。学校是一家改良私塾，在离我的家有半里多地的一座道士庙里。庙不甚大，而充满了各种气味：一进山门先有一股大烟味，紧跟着便是糖精味（有一家熬制糖球糖块的作坊），再往里，是厕所味，与别的臭味。学校是在大殿里，大殿两旁的小屋住着道士和道士的家眷。大殿里很黑、很冷。神像都用黄布挡着，供桌上摆着孔圣人的牌位。学生都面朝西坐着，一共有三十来人。西墙上有一块黑板——这是"改良"私塾。老师姓李，一位极死板而极有爱心的中年人。刘大叔和李老师"嚷"了一顿，而后叫我拜圣人及老师。老师给了我一本《地球韵言》和一本《三字经》。我于是，就变成了学生。

自从做了学生以后，我时常到刘大叔的家中去。他的宅子有两个大院子，院中几十间房屋都是出廊的。院后，还有一座相当大的花园。宅子的左右前后全是他的房屋，若是把那些房子齐齐地排起来，可以占半条大街。此外，他还有几处铺店，每逢我去，他必招呼我吃饭，或给我些我没有看见过的点心。他绝不以我为一个苦孩子而冷淡我，他是阔大爷，但是他不以富傲人。

在我由私塾转入公立学校去的时候，刘大叔又来帮忙。这时候，他的财产已大半出了手。他是阔大爷，他只懂得花钱，而不知道计算。人们吃他，他甘心叫他们吃；人们骗他，他付之一笑。他的财产有一部分是卖掉的，也有一部分是被人骗了去的，他不管；他的笑声照旧是洪亮的。

到我中学毕业的时候，他已一贫如洗，什么财产也没有了，只剩了那个后花园。不过，在这个时候，假若他肯用用心思，去调整他的产业，他还能有办法叫自己丰衣足食，因为他的好多财产是被人家骗了去的。可是，他不肯去请律师，贫与富在他心中是完全一样的，假若在这时候，他要是不再随便花钱，他至少可以保住那座花园和城外的地产。可是，他好善。尽管他自己的儿女受着饥寒，尽管他自己受尽折磨，他还是去办贫儿学校、粥厂等慈善事业。他忘了自己。就是在这个时候，我和他过往的最密。他办贫儿学校，我去做义务教师。他施舍粮米，我去帮忙调查及散放。在我的心里，我很明白：放粮放钱不过只是延长贫民的受苦难的日期，而不足以阻拦住死亡。但是，看刘大叔那么热心，那么真诚，我就顾不得和他辩论，而只好也出点力了，即使我和他辩论，我也不会得胜，人情是往往能战败理智的。

在我出国以前，刘大叔的儿子死了。而后，他的花园也出了手。他入庙为僧，夫人与小姐入庵为尼，由他的性格来说，他似乎势必走入避世学禅的一途。但是由他的生活习惯上来说，大家总以为他不过能念念经，布施布施僧道而已，而绝对不会受戒出家。他居然出了家，在以前，他吃的是山珍海味，穿的是绫罗绸缎，他也嫖也赌。

至今，他每日一餐，入秋还穿着件夏布道袍。这样苦修，他的脸上还是红红的，笑声还是洪亮的。对佛学，他有多么深的认识，我不敢说。我却真知道他是个好和尚，他知道一点便去做一点，能做一点便做一点。他的学问也许不高，但是他所知道的都能见诸实行。

出家以后，他不久就做了一座大寺的方丈。可是没有好久就被驱除出来。他是要做真和尚，所以他不惜变卖庙产去救济苦人。庙里不要这种方丈。一般地说，方丈的责任是要扩充庙产，而不是救苦救难的。离开大寺，他到一座没有任何产业的庙里做方丈。他自己既没有钱，他还须天天为僧众们找到斋吃，同时，他还举办粥厂等慈善事业。他穷，他忙，他每日只进一顿简单的素餐，可是他的笑声还是那么洪亮。他的庙里不应佛事，赶到有人来请，他便领着僧众给人家去唪真经，不要报酬。他整天不在庙里，但是他并没忘了修持；他持戒越来越严，对经义也深有所获。他白天在各处筹钱办事，晚间在小室里作工夫。谁见到这位破和尚也不曾想到他曾是个在金子里长起来的阔大爷。

去年，有一天他正给一位圆寂了的和尚念经，他忽然闭上了眼，就坐化了。火葬后，人们在他的身上发现许多舍利。

没有他，我也许一辈子也不会入学读

书。没有他，我也许永远想不起帮助别人有什么乐趣与意义。他是不是真的成了佛？我不知道，但是，我的确相信他的居心与言行是与佛相近似的。我在精神上物质上都受过他的好处，现今我的确愿意他真的成了佛，并且盼望他以佛心引领我向善，正像在三十五年前，他拉着我去入私塾那样！

他是宗月大师。

①选自《我这一辈子》，长江文艺出版社2017年1月版。老舍：原名舒庆春，字舍予，满族。著名小说家、剧作家。代表作有长篇小说《骆驼祥子》《四世同堂》，剧本《茶馆》《龙须沟》等。

明哲善思

《管宁割席》中管宁是不慕荣华、不贪金钱的道德典型；而在《宗月大师》中，刘大叔为人豪爽慷慨、乐善好施的美德也对老舍的为人处世产生了深刻的影响。亲爱的读者，相比之下，你觉得自己应该如何立德？还有哪些道德素养有待提高？你打算通过什么样的方式去提高？请为自己列一张道德养成清单。

（插图：冯兴榕、张鑫）

■ 诗文吟诵

古诗承载的是古人"济世安民"的宏愿，蕴含的是古仁人志士的家国情怀。而吟诵是最能声情并茂地抒发这种情感的传统读书法。

送人赴安西①

岑 参

上马带吴钩②，翩翩度陇头③。

小来思报国，不是爱封侯。

万里乡为梦，三边④月作愁。

早须清黠虏⑤，无事莫经秋⑥。

指点迷津

①安西：即安西都护府，治所在今新疆吐鲁番东南达克阿奴斯。

②吴钩：一种似剑而曲的兵器，一作"胡钩"。

③陇（lǒng）头：古地名。陇北地区是古代通往西域的要道。

吟诵是中国人的传统读书方式。文字传达的意义并不能完全表达一个人内心的真实感受，但声音的高低长短往往很难掩饰人们内心深处最幽微的情感。

④三边：幽、并、凉三州为汉时边郡，这里泛指边陲地区。

⑤黠虏（xiá lǔ）：狡猾的敌人。虏，古时对西北少数民族的泛称。

⑥经秋：经年。

吟诵技法

1. 就长短而言，其他字正常读若为每字一拍，还需注意以下规则。

（1）平长仄短：偶数位置上的平声字（阴平、阳平）拖长读（两拍）；仄声字（上声、去声）正常读（一拍）。

（2）入短韵长：韵字（押韵的字）拖长（两拍以上）读；去声字短读（半拍）。

2. 就高低而言，需注意以下规则。

平低仄高：仄声字比平声字读得高。

吟诵简谱

文字声调高低代表吟诵时调值的高低，"——"代表拖长音，下画线代表去声字短读。

试着跟吟诵谱一起吟诵《送人赴安西》吧！

	带		度			报国，	不是
上		钩——，	翩翩——		头——。	思	爱
	马	吴——		陇	小来——		封——侯——。
万			梦，	月作		清黠	莫
	乡为——		三边——		早须——		无事
	里		愁——。			虏，	经——秋——。

金大师的幸福

在绍兴中专，有这样一位老师，从教三十年来，以广博的爱心和充满智慧、人性化的管理方法获得了学生的信任与尊重，以认真负责、勇于创新、锐意进取的工作作风赢得了学校领导和同事的赏识与肯定，以丰富的教育教学经验成果和一颗乐于助人的心来引领本校教师在自己的专业领域不断成长，并取得累累硕果。他就是我们的金忠义老师，人称"金大师"。

他从教的三十年，也是幸福的三十年。

他因收获桃李而幸福。他真切地明白，教育不是在一个个空桶中倒进满满的水，而是在一颗颗静止的心灵中燃烧起火光。因此，相比教授知识，他更主张用自己的一言一行去感染学生，用爱去感化学生。让绍兴中专的学生变得热爱生活、有责任感和上进心，这才是他始终坚持的目标，他对91机械班的学生就是这样。当时，这个班级的学生很调皮，管理难度很大，其他老师常常为班级的纪律而头疼。而金老师却敏锐地发现了学生们的优点，那就是热爱体育活动，尤其是篮球。放学后，金老师常常和几个学生一起打篮球，在打篮球的过程中规范学生的行为，制定利于管理的、人人共同参与执行的班级制度，形成良好的班风班貌。正是这样的班级氛围，让91机械班拿到了一次全校篮球比赛冠军、两次全校元旦文艺会演一等奖、一次学校先进团支部等荣誉。这些调皮捣蛋的学生意识到，原来自己也能成为其他学生眼中的优秀榜样。而这些荣誉，都来自金老师的坚持和努力。于是，金老师成了这群学生平淡岁月中的耀眼星辰，而与这些学生的相处过程，也成了金老师最珍贵的记忆。

他因收获同事情而幸福。金大师将自己所有的教育教学经验毫不保留地分享给同行，当某位同事要参加比赛时，他会竭尽所能，帮其出谋划策，给予一些建设性意见，但同事获奖后他却从不居功。2005年，他参加了绍兴市首届名师、名校长培训班。活动结束后，他将专家讲授的内容，结合自己的理解，向同事们分享自己的研究成果，受到了全校教师的一致好评。此后，他一直这样坚持分享。满腹才华不自赏，甘为他人做嫁衣。正是因为这一点，他赢得了老师们由衷地敬佩，许多人自发地尊称他为"大师"。大家意识到，一个优秀的教师，本就不应该是一个独行侠。而金老师，已经在这条教育之路上为他们披荆斩棘，开辟了一条小路。

他更因不断挑战而幸福。收获了鲜花和掌声，金老师似乎可以高枕无忧，可以安然地接受所有的赞美。但是他没有停下，他意识到，教育不应该局限在学校，只要是传授知识，都可称得上是"教育"。这一次，他将讲台放在了一个名为"前进村"的村庄。在决战脱贫攻坚之年，他来到前进村驻村。按组织的要求，在村干部的配合下，他深入田间、茶林，走访贫困户、村民代表及老党员，了解村里的基本情况，按"用情、用心、用力"的要求，努力去实现"弯下腰来，沉下心来"的工作目标。如今的前进村在乡村振兴的路上正走出一条强村富民的未来发展之路，而金大师也将带着满足的微笑功成身退，为自己的教育事业画上一个圆满的句号。

回顾他三十年的教育教学过程，金老师一直将满腔的热情投身于学校工作，将满腹的学识无偿与同事分享，用自己的踏实、真诚、认真赢得了学生的信任与尊重，得到了同事的肯定与敬佩。金大师，名副其实！

爱心遭遇的寒潮

当身体不适的你在公交车上接受一个陌生人的让座时，当迷路的你接受来自陌生人的指引时，内心是否涌动着一股暖流呢？这就是道德的温度。所以当善良的你在社交平台上看到那些等待着人们伸出援助之手的筹款项目时，你是不是也能感受到那种心急如焚的情绪？

2016年初春，很多绍兴人在朋友圈里转发了一则名为"好心人，感谢您帮一下我的白血病女儿"的爱心众筹启事，这个正在与病魔斗争的绍兴小女孩的境况牵动着很多绍兴人的心，不论自己是否宽裕，他们都慷慨解囊，筹款进行得很顺利，善款噌噌往上涨着。依然寒冷的初春，因为这些爱心而变得暖融融的。

爱心人士们急切关注着此事的后续，希望小女孩能够得到更好的治疗，转危为安，可他们得到的，却是一个出人意料的消息。本以为这个家庭为了治疗孩子的疾病已倾家荡产，而实际上，这个家庭依然过着开着奔驰、晒着大钻戒的生活，他们的生活，可能比大多数的捐款者更加阔绰。显然，

孩子的父母并不愿意让孩子的病情影响他们高端的生活质量，所以小女孩的父母给出了解释：奔驰是孩子生病后，父亲为了做生意撑门面买的，钻戒是丈夫看到妻子辛苦送给她的礼物，价值一万多元。小女孩的父亲这样回应网友的质疑："女儿生病，但这不意味着我妻子就要穿10元钱一件的衣服。"孩子确实生病了，他们没有编造虚假的信息，称不上骗取他人的同情和爱心，但他们的行为和回应中的坦然与理直气壮却让捐款者们感受到了一种来自内心深处的寒冷——更甚于料峭的春寒。不知道他们将来还能否拥有这种急人所急、扶危济困的精神，以及毫不犹豫的慷慨。

捐助者的爱心义举如和煦阳光消融了初春的冰雪，受捐者的失德行为却让温暖瞬间降为冰点。道德的温度来得并不容易，失去却很简单。

鉴别与思考

1. 两则故事中，你认为让人感到温暖和寒冷的原因究竟是什么？你有过类似的经历或感受吗？

2. 道德是一种选择，当你的善意没有得到珍惜时，你会选择继续善良还是封存善意呢？

乐乐姐姐关于"感动中专人物"评选的一封信

亲爱的同学们：

人之立，首在立德，重在力行。道德的养成不是一朝一夕的事儿，而是需要不断磨炼、积极实践，并努力坚持的。道德，像雾像雨又像风，抓不着却总能感受到它带给你的温度。也许是一个微笑、一次弯腰搀扶，也许是一件小事、一句鼓励的话，抑或是爱心球下涓涓流淌的热血、扛起笨重行李的瘦弱的肩膀、更深露重时默默的守候……

细微之中见品德，点滴之处现真情。在我们的身边，也有一群用心守候、用爱浇灌、用双手为你我撑起一片蓝天的"春蚕"——我们最亲爱的老师！

传道授业、不分昼夜的"老黄牛们"。每年的高考前夕，是高考班学生最忙碌和最痛苦的日子，也是高考班老师们最忐忑的日子。他们担心孩子们对知识点掌握得不够扎实，所以在每周18节课时量的基础上，还会争分夺秒，抽出空余的时间为学生辅导；他们生怕孩子们在复习的过程中会耐不住煎熬，所以放弃与家人团聚的时间，选择留在教室静静陪伴，一起等待高考那一天的到来；他们担心孩子们会紧张，会发挥失常，所以他们每天都要说上一遍心灵鸡汤，临进考场前，还要耳提面命再三强调不要漏填、错填答题卡……绍兴中专的"老黄牛们"传道授业，用谆谆教诲和用心陪伴在学生的心上点亮了一盏明灯，照亮前行的梦想之路。

匠心育人、成就出彩的技能竞赛指导老师们。 2018年全国职业院校技能大赛上绍兴中专学子再夺两金两银，刷新了学校技能竞赛荣耀榜。欲戴皇冠，必承其重。"每一次竞赛几乎都要持续半年左右的时间。一旦开始备战，一周五天至少有两天半是在实验室中度过的，有时每晚3个小时的训练都还不够。"工业分析与检测项目指导老师石小飞道出了技能竞赛指导老师的日常。每一份成绩的背后，不仅有学生们的刻苦备战，还有指导教师们的勤勉钻研、专业指导，以及对学生的爱与关怀。他们为了学生的成长成才，牺牲了大量照顾孩子、陪伴家人的时间。2021年建筑CAD项目的赛场上出现了一道亮丽的风景线——两位身怀六甲的准妈妈林意、袁益飞穿梭在比赛现场，时刻关注着学生们的比赛动向。这些可爱又可敬的指导老师用实际行动为我们塑造了一支专业、敬业、耐心、负责的绍兴中专技能竞赛团队。当荣耀的光环褪去，始终不变的是他们对技能竞赛的热忱与初心，如手艺人一般用匠心雕琢出一批又一批优秀的"匠人"。

爱心助力、共结情谊的"赠香人"。 我们的老师不仅爱学生，也关心自己的同事。日常工作中，点滴小事上无不传递着在绍兴中专这个大家庭的羽翼下同舟共济、不分彼此的浓浓兄弟情、姐妹谊。同事手术时，焦急等待在手术门外的是我们的老师；同事生病无人照看时，24小时轮流倒班陪护照顾的是我们的老师；教学人员紧张，互相代课、代班不抱怨一声的还是我们的老师。这些老师以身作则，为学生们诠释了"为人师表"的含义。爱心无界，情义无价。我们的老师还满怀热血和情怀，热衷于服务社会公益活动。不仅身体力行，而且发动学生，参与社会志愿服务活动。儿童福利院的爱心义教，走进社区教小朋友做彩泥、吟诗歌，慰问贫困学生，火车站暖冬行动……每一次爱心助力，都是一段爱与责任的感人故事。

服务师生、精诚护航的校园服务团队。在绍兴中专的校园里，还有这样一个群体，他们不经常站在讲台上谈论古今，却总能如及时雨一般在你最需要的时候出现在你身后，为你排忧解难。比如，我们的后勤服务团队，一个电话、一条短信，就能风里来雨里去，及时回应，无论寒暑。厕所堵了，楼道灯坏了，门打不开了，墙面瓷砖掉了，等等，所有看似微不足道的任务，不论脏乱劳累，他们总是全力以赴，力求为广大师生送上最满意的服务。细心找一找，也许在某个角落，在某个放假的日子里，你会发现他们汗流浃背努力维修的身影。

"师者，所以传道受业解惑也。"韩愈用短短11个字道出了教育者的本职不仅在于教书，更在于育人。助力学生圆梦大学而不分昼夜操劳的高考班老师们，为学生搭建竞赛舞台、成就出彩人生的技能竞赛指导老师们，团结同事、志愿服务的老师们，还有精诚服务广大师生的服务团队……这些老师的事迹虽然不同，却都始终怀着一颗赤诚之心，以微薄的力量为孩子们构筑一方天地，以无言的大爱诠释师德，分享感动，传递正能量。

师德为高，身正为范。绍兴中专的校园里还有很多正用心用情书写师德大爱的老师。请同学们细心观察，发现感动，选出你心目中的感动绍兴中专人物吧！

乐乐姐姐

2021年9月1日

活动要求

1. 制定感动绍兴中专人物评选方案,确定评选标准。

2. 以班级为单位,组织同学们积极报名参与,推荐心目中感动绍兴中专十大人物。

3. 分享感动绍兴中专人物事迹,感悟道德力量。

4. 根据评选标准,选出感动绍兴中专十大人物,并为其撰写颁奖词。

（插图：冯兴榕、张鑫）

书籍推荐:《道德经》

作　者: 先秦·老子（李耳）

出版社: 金盾出版社2009年1月版

分享人: 徐佳晟

　　分享理由: 老子说"德"是不能离开"道"的，两者是密不可分的体用关系，"道"为体，"德"为用。所以我们对"德"的理解也就不能单纯停留在"品德"或"德行"上。阅读《道德经》，能让我们进一步看清何为"德"，从而更好地"立德"。

书籍推荐:《历史大咖的另一张脸Ⅱ》

作　者: 贾飞

出版社: 山西人民出版社2015年10月版

分享人: 孙凯莹

　　分享理由: 听见屈原悲怆的呐喊了吗？"虽九死其犹未悔！"听见陶渊明沉重的叹息了吗？"不为五斗米折腰！"从古至今，"德"一直是考量我们做人的准则。只有德艺双馨的人，才能立足于社会。"君子修道立德，不为穷困而改节"，德是我们一生的瑰宝和财富。

第二章

志坚不畏事不成：立志篇

立志是读书人最要紧的一件事。

——孙中山

老骥伏枥，志在千里；烈士暮年，壮心不已。

——曹操

有志者事竟成。

梦想不是简单的两个字。它无关乎一蔬一饭，也不是为了鲜花和掌声。它是人生的灯塔，让即使深陷汪洋大海的我们，也能找到希望的一叶扁舟。

没有终点，每一条路都不见归途；没有想到达的目标，去哪里都是流浪。

一起去做一个悠远的梦吧，希望就在不远的前方。

志不立，如无舵之舟，无衔之马。一个人不知道他要驶向哪个码头，那么任何风都不会是顺风。

■ 追根溯源

夫学，莫先于立志。志之不立，犹不种其根而徒事培壅灌溉，劳苦无成矣。①

①语出明代王阳明《示弟立志说》。王阳明：明代著名的哲学家、思想家，他创立的"阳明心学"是明代影响最大的哲学思想。著有《王阳明全集》《传习录》《大学问》。

辨其真意

学习，都是要先立志。志要是不立，就像不种树根而徒劳浇水一样，这样是在做无用功。

人贵立志。立志是成长的起点，也是成才成功的基石。古往今来，能成就大事者莫不先怀雄心壮志，并且矢志不渝。由此可见，立志对于一个人的成长发展来说，既是指引又是动力，起着十分关键的作用。

学以致用

何谓立志？如何立志？答案见仁见智、言人人殊。一些人立志只注重个人利益，或者纯凭个人志趣，这显然过于狭隘和短视，不宜提倡；更多的人在立志时首先考虑国家和社会的需要，在这个大前提下寻找个人的兴趣点，然后确定志向，这样的立志，既有利于社会进步，又可充分发挥个人的积极性与特长，值得大力倡导。

王阳明：人生须立志，立志当高远

明代心学大家王阳明出生于诗书世家，祖父王伦以教书为生，父亲王华是成化辛丑科状元。身为状元之子，王阳明自小就接受了良好的儒学教育。与时人不同的是，他读书学习却不以科举考试为目的。王阳明11岁在京师读书，曾问私塾老师："何为第一等事？"私塾老师说："唯读书登第耳。"王阳明却并不认同，认为"登第恐未为第一等事，或读书学圣贤耳"。

"读书学圣贤"如何才能实现？王阳明给出的方法是先立志。在写给弟弟王守文的《示弟立志说》中，王阳明提出："夫学，莫先于立志。""君子之学，无时无处而不以立志为事。"通观王阳明的著作，君子之学，又叫圣学、圣人之学、圣贤之学或正学，就是学为圣人或君子的学问。王阳明认为，常人只要明白自己本有良知，通过读书学习获得自己的良知，并按良知行事，就是圣人或君子。

在王阳明看来，掌握了圣人之学的秘诀，只要立志去求，便能达成目的。"盖终身问学之功，只是立得志而已。"《教条示龙场诸生》第一条讲的便是立志："故立志而圣则圣矣，立志而贤则贤矣。"在《启问道通书》中他也主张："大抵吾人为学紧要大头脑，只是立志。"他的《忆别》诗中也有表述："贤圣可期先立志，尘凡未脱谩言心。"

王阳明对为学先立志格外看重，他曾不厌其烦地向其亲朋好友宣讲立志说，在《寄张世文》中他这样写道："学不立志，如植木无根……自古及今，有志而无成者则有之，未有无志而能有成者也。"在《与克彰太叔》中，他对既是其族叔祖又是他弟子的王克彰如是说："学本于立志。"并且还特别叮嘱：这是他最近新体悟出来的为学之道，一定要坚守。

王阳明曾说："求圣人之学而弗成者，殆以志之弗立欤！"但立志读书学圣贤并非易事，"夫立志亦不易矣"。外在的困难是要面临科举考试的挑战。如何处理读书学圣贤与科举考试的矛盾？王阳明认为，只要悟到了良知，读书与科举并不相妨碍，读书时心也不会为科考所累，"只要良知真切，虽做举业，不为心累""志于道德者，功名不足以累其心"。

王阳明本人是直到第三次参加会试，才以会试第二名、殿试第十名登第。尽管如此，王阳明从不以科举考试来要求他的晚辈，而是要他们立志学圣贤。在《寄正宪男手墨二卷》中，他这样告诉养子王正宪："科第之事，吾岂敢必于汝，得汝立志向上，则亦有足喜也。"立志向上便是读书学圣贤。又怕他的子侄们学圣贤立志不坚，他在家信《赣州书示四侄正思等》中要求他们把其写给弟弟王守文的《示弟立志说》抄录下来："吾尝有《立志说》与尔十叔，尔辈可从抄录一通，置之几间，时一省览，亦足以发。"

王阳明年少便立下"读书学圣贤"的志向，并把它当作一生的追求，既成就了他心学大家的地位，也为后世树立了读书学习的榜样。在提倡素质教育的今天，王阳明的做法依然有值得我们借鉴的地方。

■ 妙悟古今

凿壁借光①

匡衡勤学而不烛，邻居有烛而不逮②，衡乃穿壁③引其光，发书映④光而读之。邑人大姓文不识⑤，家富多书，衡乃与其佣作而不求偿。主人怪⑥问衡，衡曰："愿得主人书遍读之。"主人感叹，资给以书，遂成大学⑦。

①选自《西京杂记·卷二》。选文讲述的是西汉大文学家匡衡幼时凿穿墙壁引邻舍之烛光读书，终成一代文学家的故事。《西京杂记》是中国古代历史笔记小说集，其中的"西京"指的是西汉的首都长安。该书写的是西汉的杂史，既有历史故事，也有西汉的许多趣闻奇事。

②逮：到，及。

③穿壁：在墙上打洞。

④映：照耀。

⑤文不识：邑人的名字。

⑥怪：以为怪，认为是奇怪的。

⑦大学：大学问家。

人生的意义与价值①

季羡林

当我还是一个青年大学生的时候，报刊上曾刮起一阵讨论人生的意义与价值的微风，文章写了一些，议论也发表了一通。我看过一些文章，但自己并没有参加。原因是，有的文章不知所云，我看不懂。更重要的是，我认为这种讨论本身就无意义，无价值，不如实实在在地干几件事好。

时光流逝，一转眼，自己已经到了望九之年，活得远远超过了我的预算。有人认为长寿是福，我看也不尽然。人活得太久了，对人生的种种相，众生的种种相，看得透透彻彻，反而鼓舞时少，叹息时多。远不如早一点离开人世这个是非之地，落一个耳根清净。

那么，长寿就一点好处都没有吗？也不是的。这对了解人生的意义与价值，会有一些好处的。

根据我个人的观察，对世界上绝大多数人来说，人生一无意义，二无价值。

　　他们也从来不考虑这样的哲学问题。走运时，手里攥满了钞票，白天两顿美食城，晚上一趟卡拉OK，玩一点小权术，耍一点小聪明，甚至恣睢骄横，飞扬跋扈，昏昏沉沉，浑浑噩噩，等到钻入了骨灰盒，也不明白自己为什么活过一生。

　　其中不走运的则穷困潦倒，终日为衣食奔波，愁眉苦脸，长吁短叹。即使日子还过得去的，不愁衣食，能够温饱，然而也终日忙忙碌碌，被困于名缰，被缚于利索。同样是昏昏沉沉，浑浑噩噩，不知道为什么活过一生。

　　对这样的芸芸众生，人生的意义与价值从何处谈起呢？

　　我自己也属于芸芸众生之列，也难免浑浑噩噩，并不比任何人高一丝一毫。如果想勉强找一点区别的话，那也是有的：我，当然还有一些别的人，对人生有一些想法，动过一点脑筋，而且自认这些想法是有点道理的。

　　我有些什么想法呢？话要说得远一点。当今世界上战火纷飞，人欲横流，"黄钟毁弃，瓦釜雷鸣"，是一个十分不安定的时代。但是，对于人类的前途，我始终是一个乐观主义者。我相信，不管还要经过多少艰难曲折，不管还要经历多少时间，人类总会越变越好的，人类大同之域决不会仅仅是一个空洞的理想。但是，想要达到这个目的，必须经过无数代人的共同努力。有如接力赛，每一代人都有自己的一段路程要跑。又如一条链子，是由许多环组成的，每一环从本身来看，只不过是微不足道的一点东西；但是没有这一点东西，链子就组不成。在人类社会发展的长河中，我们每一代人都有自己的任务，而且是绝非可有可无的。如果说人生有意义与价值的话，其意义与价值就在这里。

　　但是，这个道理在人类社会中只有少数有识之士才能理解。鲁迅先生所称之"中国的脊梁"，指的就是这种人。对于那些肚子里吃满了肯德基、麦当劳、比萨饼，到头来终不过是浑浑噩噩的人来说，有如夏虫不足以与语冰，这些道理是没法谈的。他们无法理解自己对人类发展所应当承担的责任。

话说到这里，我想把上面说的意思简短扼要地归纳一下：如果人生真有意义与价值的话，其意义与价值就在于对人类发展的承上启下、承前启后的责任感。

①选自《季羡林世纪述怀》，长江文艺出版社2009年9月版。季羡林：国际著名东方学大师，其著作汇编成《季羡林文集》，共24卷。生前曾撰文三辞桂冠：国学大师、学界泰斗、国宝。

明哲善思

在《人生的意义与价值》中，季羡林老先生认为：人生的意义与价值就在于对人类发展的承上启下、承前启后的责任感。这种责任感就是他为自己的一生立下的一个宏大的志愿，是毕生都在为传承东方语言呕心沥血。亲爱的读者，你为自己的学生生活立下了一个怎样的志向呢？它都由哪些内容组成的？请你用心填写一张"我的志向卡"。

（插图：马骏杰）

少年中国，以其铿锵有力的呐喊，给予我们责任与未来；以其热血激昂的质问，激发我们的拼搏与进取；以其朝气蓬勃的告白，展现我们的意志与风骨。

■ 歌曲学唱

《少年中国说》是由梁启超、二水作词，许嵩作曲，张杰演唱的歌曲。《少年中国说》原本是清朝末年梁启超所作散文，写于1900年，那年是庚子年，当时为了反抗帝国主义的侵略，中国爆发了义和团运动，为唤起人民的爱国热情，激发民族的自尊心和自信心，梁启超适时地写了这篇《少年中国说》。

当歌声响起，"少年智则国智，少年富则国富，少年强则国强"，那铿锵有力的呐喊，寄予了身为中国少年应该肩负的责任与未来。

当歌声响起，"敢问天地，试锋芒，披荆斩棘，谁能挡"，那热血澎湃的质问，焕发了新一代青年拼搏进取的精神风貌。

当歌声响起，"少年自有少年狂，身似山河，挺脊梁"，那慷慨激昂的宣言，展现了当代中国少年发奋图强的意志与风骨。

■ 歌词欣赏

红日初升　其道大光

河出伏流　一泻汪洋

潜龙腾渊　鳞爪飞扬

乳虎啸谷　百兽震惶

少年自有　少年狂

身似山河　挺脊梁

敢将日月　再丈量

今朝唯我　少年郎

敢问天地　试锋芒

披荆斩棘　谁能挡

世人笑我　我自强

不负年少

人生因志而精彩

郑科，2014年毕业于绍兴市中等专业学校，因数次获得技能类比赛大奖，被保送到浙江建设职业技术学院。2016年7月，经过一系列选拔赛，他击败各路精英，以管道与制暖项目全国第一的身份进入国家队集训；2017年4月，在该项目国家集训"5进2"选拔赛中，又荣获第二，顺利晋级；同年10月，代表中国参加第44届世界技能大赛。

是什么让他能够突破重围，闯入世界技能大赛？

我想，是坚定的信念，坚韧的意志，坚持的恒心。

一米八几的个头，像大黑牛一样的结实，脸上总是挂着和善腼腆的笑容。这是很多人对郑科的印象，但他这一身令人羡慕的肌肉并不来源于健身房，而是一天又一天坚持刻苦训练的"副产品"。他参加的管道与制暖项目考验的不仅仅是选手的智慧和精湛的技艺，还有强大的力气。金属管道的弯曲、装配等过程中都需要有一定的力量，而且比赛持续四天，平均每天七个小时的高强度作业，对体力是一大考验。郑科，凭着自己坚韧的意志挑战着这一项目，即使每天筋疲力尽，也仍继续训练。有时候，项目中有一些比较低的操作点，需要趴着或

跪着去完成，而他这一做，就是几个小时。

由于世界技能大赛中所使用的材料和工艺与郑科之前学习时用的完全不一样。在参加选拔赛前夕，天气异常炎热，为了快速掌握技能，在郑科不得不在用铁皮做的、没有空调的实验工棚里，每天坚持完成几百根管道的安装训练。这样的训练持续了3个月。

刻苦坚持的动力源于对梦想的追逐。因为有梦，才敢于拼搏。在参加国家队集训期间，郑科因突发疾病动了一个手术，医生要求静养3个月，但仅仅休息1个月后，郑科就跟随国家队飞往重庆参加集训。国家队的集训强度很大，每天除了技能训练7小时外，选手们还需要参加综合素质训练，包括强化规则意识、加强心理应变能力、自我管理、体能等各种训练以及英语学习，一天总的训练时间超过10个小时。为了更好地适应阿联酋的气候与环境，竞赛专家组特意将其中一个阶段的训练安排在新疆。7月份的新疆天气炎热，日常温度在40℃以上，一天下来，郑科衣服上常常显现出由汗水结晶后形成的"地图"。

苏轼曾曰："古之立大事者，不惟有超世之才，亦必有坚忍不拔之志。"郑科，之所以能站上世界技能的舞台，取得这份耀人的成绩，正是因为他有一份坚忍不拔的意志，一份对信念的坚守。从接触项目到比赛结束，这一年零两个月的时间里，在一次次选拔和淘汰赛中，郑科凭借自己的刻苦努力和精湛技能，一步一个脚印，克服了身体上、心理上和技术上的种种困难，顶住压力，击败对手，站上了世界技能大赛的舞台，以第7名的成绩荣获第44届世界大赛管道与制暖项目的优胜奖。他实现了中国管道与制暖项目在世界技能竞赛上零的突破，创造了绍兴中职学校技能竞赛项目的又一个新高。

"天将降大任于是人也，必先苦其心志，劳其筋骨，饿其体肤，空乏其身，行拂乱其所为，所以动心忍性，曾益其所不能。"人若想成功，必先立志，唯有立志，方能成事。

巨星的陨落

　　乔治·贝斯特，20世纪60年代红魔曼联的领军人物，与博比·查尔顿、丹尼斯·劳组成的"神圣三杰"风靡当时的欧洲足坛。不可否认，年仅22岁便获得欧洲足球先生、两次英超冠军、一次欧冠冠军等荣誉，使他的未来注定会在足坛名留青史。然而，毫无斗志的放荡生活让这个在当时被誉为绝无仅有的足球天才早早地陨落，职场生涯也草草地收场。

　　1947年生于北爱尔兰贝尔法斯特一个工人家庭的贝斯特，出生不到一年便学会了走路。幼年时的贝斯特表现出了非凡的足球天赋，这也注定了这个孩子的不平凡。果然，15岁那年，他被曼联球探鲍勃·毕肖普发现，球探马上给俱乐部发去一份仅有四个单词的电报——"I found a genius"（我发现了一个天才），就是这短短的四个单词改变了贝斯特的一生。

　　就这样贝斯特参加了曼联的试训，出色的表现让他成功签约曼联，正式开启了自己的职业生涯。这个17岁的少年，就此开始了他的传奇生涯。果然，鲍勃·毕肖普真的没有看错贝斯特，在贝斯特出场的第二年，曼联就获联赛亚军，还进入了足协杯半决赛和欧冠的1/4决赛。这让人们在贝斯特身上看到了曼联在1958年空难后的复兴的希望。

　　不负众望，贝斯特为曼联夺下1965年联赛冠军，1968年又为球队从"黑豹"尤西比奥率

领的本菲卡手上夺下了欧洲冠军联赛冠军，出色的表现让他同年获得了"欧洲足球先生"称号。当时的他只是个22岁的小伙子。从此，贝斯特的名号响彻世界足坛。

然而随着时间的推移，贝斯特渐渐地迷失自我，不知道该何去何从。加上人们对他的期望越来越高，物极必反，他的压力越来越大。慢慢地，他开始酗酒，并且开始沉迷女色，媒体上提到他的名字时不再提他的球技，而是他酗酒滋事等劣迹。起初球队只是警告贝斯特，直到26岁那年，他因玩乐忘记了训练，俱乐部忍无可忍对他进行处罚，俱乐部只是想给他一个教训，可万万没想到的是贝斯特居然选择退役。

尽管退役后贝斯特也宣布过复出，但放荡的生活早已将其身体掏空。尽管他在职业生涯末期前往美国踢球，但是依旧每天过着灯红酒绿的生活，缺乏斗志，两年后他选择退役，其生涯以落寞告终。

曾经的一代巨星，却因没有志向而迷失了自我，缺失了意志，让他的人生终究有了污点，让他的辉煌最终成了过眼云烟……

鉴别与思考

1. 人若想成功，应具备哪些条件？

2. 作为一名中职学生，你该如何正确树立自己的志向，磨炼自己的意志？

（插图：冯兴榕）

做一个追梦青年

夫学，莫先于立志。知道自己想要的是什么、掌握方向，你的梦想便在不远的前方！

　　著名职业生涯规划大师舒伯，将人的发展过程划分为五个阶段，每个阶段都有其重要的发展任务。

一、成长阶段　0—14岁　孩童期

1.通过家庭、学校及同伴等影响逐渐发展出"自我概念"；

2.开启对工作世界的了解并形成正确的态度。

二、探索阶段　15—24岁　青少年与青年期

1. 逐渐了解自我与工作的关系；

2. 开始对生活与工作角色的试探；

3. 确定职业发展方向。

三、建立阶段　25—44岁　青壮年期

1. 认同自我生活与职业；

2. 建立职业的专精地位；

3. 找到期望的工作机会并投入；

4. 学习建立人群关系。

四、维持阶段　45—65岁　中老年期

1. 维持与享受既有的成就；

2. 享受家庭与工作的喜悦；

3. 可能的职业生涯转变。

五、衰退阶段　66岁以后　老年期

1. 改变工作与生活形态；

2. 适应退休生活；

3. 发展非职业性角色，如转移到义工与社会服务。

人生阶段并不完全能用年龄来划分，每个人都有可能会在人生的不同时间点上再次经历这些阶段或者部分阶段。在人生发展的每一阶段都有其主要的任务，适当地完成各阶段的任务，即是"生涯成熟"的表现。

我们都是追梦的青年。小时候的乐乐姐姐，一手拿着玩具，一手拿着糖果，期待长大后做个超市老板；看着奥特曼大战怪兽，我也期望自己能成为超级英雄，拯救整个宇宙；上学后，我最佩服爱迪生，想要当科学家……随着年龄的增长，我们的梦想也许和以前不同了，未来你最想干什么？一起跟乐乐姐姐来完成《追梦青年》的规划单吧！

活动规则

根据自己中专毕业和步入企业（上大学）的年龄补充规划区间，并尝试为第一份工作阶段（大学阶段）的自己画一幅画像，随后在各个阶段的"我的梦想"和"追梦行动"栏内填写上相应内容。

	0—10岁	11—14岁	15—___岁	___—___岁	___—___岁
人生阶段					
我的梦想					
追梦行动					

职业生涯小启示

　　青少年时期的每一个梦想，都是对于美好事物的憧憬和渴望，都是在社会活动中形成的关于人生轨迹和发展方向的梦想和尝试。有些梦想可轻而易举实现；有些梦想遥不可及；有些梦想是你一晃而过的幻象，你并没有为此付出实际努力；有些梦想是你渴望已久的目标，你会将追梦行动进行到底。无论怎样，与梦想擦肩而过时的沮丧，与梦想紧紧相拥时的喜悦，这些成长经历都会成为人生旅途上的宝贵财富，指引你继续勇敢地追寻自己的人生轨迹和发展方向。这些便是职业生涯的组成内容。

书籍推荐:《东周列国志》

作　者:〔明〕冯梦龙

出版社:北方文艺出版社2013年1月版

分享人:徐佳晟

　　分享理由:本书中最有大志的就是秦国。东周初期时秦国刚建立,曾是最弱小的诸侯国之一,远不是楚国、齐国等国的对手。但秦国有统一天下之志,而且秦国每一代人都在为这个志向而努力。于是,秦国人离他们的目标也越来越近。这是一本告诉我们应如何实现自己宏图大志的好书。

书籍推荐:《月亮和六便士》

作　者:威廉·萨默塞特·毛姆

出版社:上海译文出版社2006年8月版

分享人:叶杨铭

　　分享理由:月亮代表理想,六便士代表现实。当你想要放弃时,抬起头,看看月亮,如果你一直低头不断寻找六便士,正如俗人,一生所干之事只有眼前这点,你将不会看到天上的月亮,看向自己的远方…… 时而抬头,时而眺望,时而努力,时而拼搏。梦想如同月亮,在茫茫黑夜,唯有"月亮"为我们引路。

第三章

小荷才露尖尖角：立业篇

世上真不知有多少能够成功立业的人，都因为把难得的时间轻轻放过而致默默无闻。

——莫泊桑

古之立大事者，不惟有超世之才，亦必有坚忍不拔之志。

——苏轼

自古立业者，先"立"方有"业"。

商贾夙兴夜寐，始拥鼎铛玉石；儒士不知寝食，方能青云直上；人君穿荆度棘，以有尺寸之地。

成功就是要忍受孤独、承受磨难，含泪播种的人一定能含笑收获。而太容易的路，根本不能带我们去任何地方。

山路再盘旋曲折，终究朝着我们的目标延伸；细流再涓涓徐徐，最终都将润谷无声。

让我们用匠心情怀，沉淀为更好的自己。

立身之本，始于立业。业不立，则如逆水行舟，虽有希冀，远方遥不可及；业不立，则如掘地寻天，虽有行动，终不能如愿。

■ 追根溯源

建大功于天下者，必先修于闺门之内；垂大名于万世者，必先行之于纤微之事。①

①语出汉代陆贾《新语·慎微》。陆贾能言善辩，曾帮助汉高祖刘邦平定天下，是汉代第一位力倡儒学的思想家。

辨其真意

为天下建立大功的人，一定是先从小的方面加强修养；名声流传千古的人，一定从微小的事情认真做起。

《论语》中有"三十而立"的说法，立业是"立"的重要组成内容。从古到今，成就一番业绩的有志之士必定注重细节，为建功立业加强修养，相信自己的抱负一定能够实现。

学以致用

每个人对立业会有不同的理解。同学们经常听到绍兴中专学子基于对专业的喜爱和执着，以精益求精的态度，在各级各类技能比赛中斩金夺银的捷报，也备感亲切地发现循循善诱的师长中早就有优秀学长学姐的身影，他们的成功之路为自己对将来职场的期许注入新的动力，于是一个关乎立业的梦想在心中萌芽、生长。

■ 乡贤行思

人民的好总理周恩来：鞠躬尽瘁，为中华之崛起

　　开国总理周恩来，祖籍浙江绍兴，出生于江苏淮阴。十二岁那年，他随回家探亲的伯父来到了东北沈阳。一到沈阳，伯父就指着远处一大片热闹的街市告诉他，那是外国人的租界，是有事也要绕着走的地方，因为惹出麻烦来没有地方说理。

　　少年周恩来疑惑不解，问道："那不是我们中国的地方吗？为什么不能去呢？"

　　"中华不振哪！"伯父只是长长地叹了一口气。

　　"中华不振"，周恩来虽不理解这四个字，伯父沉郁的表情却让他难以忘怀。

　　一个星期天，周恩来背着伯父约了一个同学偷偷溜进了租界，街道上热闹非凡，他们好奇不已，左顾右盼，发现巡警局门前围着一群人。他们挤进人群，看见一个衣衫褴褛的中国女人正在哭诉着什么。一问才知道，这个女人的亲人被洋人的汽车轧死了，她原本指望巡警局能给她主持公道，谁知中国巡警不但不惩处肇事的洋人，反而训斥她。围观的中国人都紧握着拳头，气愤不已，但这里是外国人的租界！大家除了劝慰这个不幸的女人，甚至不敢指责那个趾高气扬的洋人！

　　周恩来这才真正体会到"中华不振"这四个字的深刻含义，怎么做才能把祖国和人民从苦难和屈辱中拯救出来呢？这个问题就像一点星火，点燃了周恩来对人生价值、对未来事业的热情与思考。

　　新学期开学了，修身课上，魏校长向学生们提出了一个严肃的问题："你们为什么而读书？""为家父而读书""为明理而读书""为光耀门楣而读书""为当官发财而读书"同学们纷纷举手回答。

　　周恩来默默坐在座位上，若有所思，洋人的嚣张跋扈、国家的积贫积弱、人

民的颠沛流离……此时正在他的脑海中盘旋，他心头的一腔热血沸腾着。魏校长注意到了，他打手势让大家安静下来，点名让他说说。周恩来站了起来，清晰而坚定地回答道："为中华之崛起而读书！"

魏校长听了为之一振！想不到一个十二三岁的孩子，竟然有如此的抱负和胸怀！他难以置信，又追问了一句："你再说一遍，为什么而读书？"

"为中华之崛起而读书！"

"好哇！为中华之崛起，有志者当效周生！"魏校长连声赞叹。

这个十二三岁时立下的志向，成了周恩来一生奋斗的目标。为了这个目标，他几经探索，参与发起成立中国共产党的活动，成为中国共产党最早的党员之一。在新民主主义革命时期，周恩来为探索中国革命正确道路、创建人民军队、创建革命统一战线、创建人民当家作主的新中国建立了不朽功勋。中华人民共和国成立后，周恩来为积极探索符合我国国情的社会主义建设道路、推进社会主义革命和建设事业倾注了大量心血，做出奠基性贡献。他担任政府总理长达26年，既是国家建设总体蓝图的重要设计者，又是将它付诸实施的卓越组织者和管理者。新中国成立后，他平时每天工作都在12个小时以上，有时在16个小时以上，即便是得了重病之后也是如此。

周恩来一生遵奉着青年时代立下的誓言："我认的主义一定是不变了，并且很坚决地要为它宣传奔走。"他在革命遇到挫折时从没有灰心过，在敌人血腥压迫下从没有胆怯过，面对帝国主义封锁禁运从没有退缩过，面对自然灾害或由于决策失误造成的严重困难从没有泄气过，始终保持坚定的革命信念和旺盛的革命斗志。他顾全大局，维护团结，任何时候都同党同心同德，对党忠诚，为党分忧，为党担责，为党尽职，永葆共产党人的政治本色。这是周恩来一生重要的政治品格，也是他的魅力所在。周恩来以他全心全意为人民服务的精神风范，为广大干部树立了榜样。老百姓以最朴素的语言，为周恩来点赞。人民总理爱人民，人民总理人民爱，总理和人民同甘苦，人民和总理心相连。

■ 妙悟古今

书断·王羲之（节选）
张怀瓘

晋王羲之，字逸少，旷子也。七岁善书，十二见前代《笔说》①于其父枕中，窃而读之。父曰："尔何来窃吾所秘？"羲之笑而不答。母曰："尔看用笔法。"父见其小，恐不能秘之。语羲之曰："待尔成人，吾授也。"羲之拜请："今而用之。使待成人，恐蔽儿之幼令②也。"父喜，遂与之。不盈期月，书便大进。

卫夫人见，语太常王策曰："此儿必见用笔诀③，近见其书，便有老成④之智。"涕流曰："此子必蔽⑤吾名！"

晋帝时祭北郊，更祝版⑥，工人削之，笔入木三分。

①《笔说》：论书法的书。

②幼令：幼时的美好才华。

③用笔诀：论写字诀窍的书。

④老成：老练成熟。

⑤蔽：掩盖。

⑥祝版：祭神的木板。

"大国工匠"李万君：在平凡中非凡（节选）①

焊工是最平凡的工匠。被誉为"没有翅膀的飞机"的高铁，却离不开他们非凡的双手。在全国优秀共产党员、中车长春轨道客车股份有限公司焊工李万君看来，工匠精神有两种：一种是创新发明开拓，攻克非凡的难题；另一种是始终如一日，把平凡的工作做到极致。每一天，工作了29年、已获得"中华技能大奖"的李万君，都在手握焊枪、踏踏实实地做着这两件事。

李万君，1987年7月毕业于长春客车厂职业高中，而后进入客车厂焊接车间工作至今。先后创造出"拽枪式右焊法"等20余项转向架焊接操作法，及时解决了高铁生产的诸多问题。带领团队完成技术创新成果150余项，申报国家专利20余项。凭借世界一流的构架焊接技艺，他被誉为"高铁焊接大师"。2016年7月，他荣获"全国优秀共产党员"称号。

"焊得好!"在赛场巡视的领导走到李万君身边停住脚步称赞。"焊得好不是目的，我来就是争第一的。"李万君站起身大声回应道。"真敢说大话，历届第一的高手都在这里比赛呢。"听到这话，李万君红了脸，感觉自己的话有些鲁莽。但比赛结果没有"打脸"，每种焊法的第一名都是他。这是1997年，29岁的李万君第一次参加长春市焊工大赛上的一幕。

如今，手中的焊枪不曾放下，李万君永争第一的初心也未曾改变。

"不亲身体会，不知这个岗位的苦。"李万君说，成天趴在带油的钢板上作业，手中焊枪喷射着烈焰，口罩戴一会儿就黢黑，夏天浑身汗，冬天一身冰。

"刚开始对焊接也没啥兴趣。是父亲经常整点料，让我多练习焊接。没想到上班第二年就在公司的焊接比赛中拿了第一，还有奖金。老师傅看到我活干得好，也都挺敬佩。"李万君说，这让他渐渐爱上了焊接工作。

多年的勤学苦练，李万君把手中的一支焊枪用得"出神入化"。直径仅有3.2毫米的两根焊条，李万君可以分毫不差地对焊在一起，无须打磨，不留一丝痕迹。20米外，只要听到焊接声音，他就能判断出电流电压的大小，焊缝的宽窄，平焊还是立焊，焊接的质量如何。

"中国进入高铁时代，我们的命运便和高铁的发展紧紧绑在一起。"李万君说。

高速动车组的核心技术之一在转向架，转向架的核心技术之一在构架焊接。由于转向架环口要承载50吨的车体重量，焊接成型质量要求极高。"能否一枪把这个环口焊下来呢？"李万君决心破解这道难题。

用了一个多月，李万君成功摸索出了"环口焊接七步操作法"，交出完美的样品，让前来验收的法国专家都惊叹不已。

①选自中华人民共和国教育部政府门户网站职成司新闻专题。

鉴别与思考

1. 爱因斯坦有句名言"兴趣是最好的老师"，书圣王羲之别具一格的书法造诣源于他自幼对书写持之以恒的研习，同学们是否经历过类似的求索，请与你的同伴交流自己的感受。

2. 将平凡的事业做到极致也可以成就非凡, 高铁焊接大师李万君的故事带给同学们哪些有益启示, 请思考并制作一张职业成长规划表, 明确自己发展的方向。

例:

职业成长规划表

（一）近期目标
2021—2024 年
脚踏实地学习文化课和专业技能, 高二年级考取相应证书, 高三年级参加升学考试, 考入大学。

（二）中期目标
2024—2028 年
认真学习, 增加实践经验, 考取更高级别的技能证书, 完成大学学业。

（三）远期目标
2028—2032 年
恪尽职守, 积蓄能量, 在工作上可以独当一面, 事业上有更进一步的发展。

腔音，使吟诵所传达的情感更细腻；摇曳身体，运气发声，让我们在吟诵声中强身健体，修身养性。

■ 诗文吟诵

"诗言志，歌咏言"，只有传达"济世安民"宏愿的诗歌才能称之为"诗"，否则只能叫"歌""行""吟"等。吟诵是古人的读书方式，古人的诗是以声传情吟诵出来再用笔记录的，让我们在吟诵的声韵美中领略古人深沉的家国情怀吧！

三代门①·周公②

周 昙

文武传芳百代基，

几多贤哲守成规。

仍闻吐握③延④儒素⑤，

犹恐民疵⑥未尽知。

指点迷津

①三代门："三代"指夏、商、周。门即"类"，周昙创作了"春秋战国门""秦门""晋门""前汉门"等一系列咏史诗。

②周公：姓姬名旦，周文王姬昌第四子。因封地在周，故称周公或周公旦。周初杰出的政治家、军事家和思想家，被尊为儒学奠基人，孔子一生最崇敬的古代圣人之一。其思想成为后世儒士立身行道的准则。

③吐握：典故名，典出《史记·鲁周公世家》。即吐哺握发，意谓洗发时多次挽束头发停下来不洗，进食时多次吐出食物停下来不吃，急于迎客。比喻为了招揽人才而操心忙碌。形容礼贤

下士,求才心切。

④延:请。

⑤儒素:泛指儒士。

⑥疵:病。

吟诵技法

1. 就长短而言,其他字正常读若为每字一拍,则还需注意以下规则。

(1)平长仄短:偶数位置上的平声字(阴平、阳平)拖长读(两拍);仄声字(上声、去声)正常读(一拍)。

(2)入短韵长:韵字(押韵的字)拖长(两拍以上)读;去声字短读(半拍)。

2. 就声调高低而言平低仄高,需注意以下规则。

仄声字比平声字读得高。

吟诵简谱

文字位置高低代表吟诵时调值的高低,"——"代表拖长,下画线代表入声字短读。

试着跟吟诵谱一起吟诵《三代门·周公》吧!

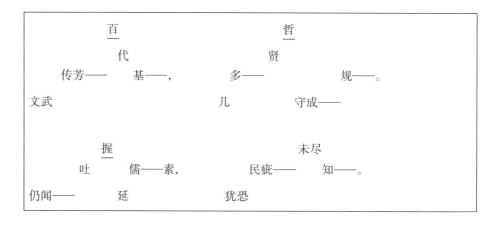

业精于勤，荒于嬉；行成于思，毁于随。

心若向阳，无谓悲伤

　　回顾自己的学生时代，大家一定会对"校花""校草"印象深刻，而在我们绍兴中专有这样一位女生，不仅被大家称为"校花"，还被评为全国最美中职学生，她是绍兴唯一一位获此殊荣的学生。她就是张宇婷，13化学分析5年的班长。

　　谈及张宇婷，我们羡慕她头上闪闪发亮的光环，以为她生来就是耀眼的骄子。其实，她跟我们一样平凡，或许不同的就是她对自己的未来有明确的规划，对梦想有执着的坚守。

　　2013年，中考的失利让宇婷备感挫折，考不上高中就意味着彻底与大学告别，这让她很失落，对未来也充满着迷茫。她带着这份遗憾与迷茫进入了绍兴中专。当她看到那些在全国技能大赛上摘得金牌的冠军走上红毯接受家长和学校领导的颁奖时，她被深深地震撼了。"谁说中职生就一无是处，我也要成为学校冠军墙上最耀眼的那颗明星。"这一刻，她下定了决心，这三年要努力奋斗，为自己的未来开辟一条康庄大道，让自己的青春精彩纷呈。

　　宇婷是一个定下目标便会义无反顾去追求的女孩，当学校要组建化学分析项目竞赛集训队的时候，她第一个报了名。接下来的集训，她用时间和汗水去撰写她的奋斗历程。夏天的实验室是个大蒸笼，冬天的实验室就成了大冰窖，没有一点温暖，刺骨的不光是那"嗖嗖"吹进来的寒风，还有那"用不完"的自来水。每次洗完仪器之后，手总是通红通红的，硬得像铁条一样，颤颤巍巍地去称量药品，有时候冻得连称量瓶都拿不住，手还被冻出了一道道口子。有一次，她不小心把20%的盐酸倒在了伤口上，锥心的痛，让她这辈子都忘不了。汗水和伤疤是奋斗者的勋章，最好的褒奖就是让他们站在高高的领奖台上。经过一年多时间的磨炼，宇婷获得了2015年省技能大赛分析化学个人一等奖，并和队友一起获得2015年省技能大赛分析化学团体一等奖。几个月后，他们转战全国赛场，一举夺得了分析化学赛项的团体二等奖。

全国大赛结束了，宇婷获得了保送高职院校的资格，但她的心底仍有另一个目标，她要考本科。于是，她毅然放弃了保送的机会，参加全省单招单考。高三这一年很辛苦，但宇婷很努力。每天早上六点半，教室里能看到她伏案写字的身影，课余时间经常能望见她与老师探究问题的情景。对于学习，宇婷有着一种精益求精的钻研精神。碰到自己不懂的题目，总是想方设法弄懂并举一反三。就因为她的这份勤奋，她的成绩一直名列前茅，最终也如愿考上了本科。

有梦的青春很美，奋斗的青春更美。让我们一起，像宇婷一样，去寻找属于我们自己的精彩。

断　箭

春秋战国时代，一位父亲和他的儿子出征打战。父亲已做了将军，儿子还只是马前卒。又一阵号角吹响，战鼓雷鸣，父亲庄严地托起一个箭囊，其中插着一支箭。父亲郑重地对儿子说："这是家传宝箭，佩带身边，力量无穷，但千万不可抽出来。"那是一个极其精美的箭囊，厚牛皮打制，镶着幽幽泛光的铜边儿，再看露出的箭尾，一眼便能认定用上等的孔雀羽毛制作。儿子喜上眉梢，贪婪地推想箭杆、箭头，耳旁仿佛有箭嗖嗖掠过，敌方的主帅应声折马而毙。

果然，佩带宝箭的儿子英勇非凡，所向披靡。当鸣金收兵的号角吹响时，儿子再也禁不住胜利的豪气，完全背弃了父亲的叮嘱。强烈的欲望驱使他呼的一声拔出了宝箭，试图看个究竟。骤然间，他惊呆了。一支断箭，箭囊里装着一支折断的箭。

"我一直挎着支断箭打仗啊！"儿子吓出了一身冷汗，仿佛顷刻间失去支柱的房子，意志轰然坍塌了。

结果不言自明，儿子惨死于乱军之中。

拂开蒙蒙的硝烟，父亲拣起那支断箭，沉重地啐一口道："不相信自己的意志，永远也做不成将军。"

将胜败寄托在一支宝箭上，是多么的愚蠢，而当一个人把生命的核心与希望寄托在其他的人或物上，又是何等的危险！漫漫人生路，与其依赖别人，还不如依靠自己。其实，自己就是一支箭，若想要它百步穿杨，百发百中，就好好地磨砺，等待它变锋利的那一刻！

鉴别与思考

1. 在奋斗事业的过程中若遇到困难，你将怎么办？
2. 处于中职阶段的你如何规划自己的职业之路？

（插图：冯兴榕、马骏杰）

成功是立业的第一步，文技之旅带你同游，试问今日之校园，谁是明星？

文技之旅　你是明星
——绍兴中专技能文化节邀请函

亲爱的同学们：

　　每当到了激情似火的五月，就会迎来一年一度的技能文化节。这是学校为同学们搭建的梦想舞台，是一场关于技能文化的研学之旅。在这里，你可以"心怀梦想，与卓越同行"，你可以发表演说，成就属于你青春里的壮举。

　　文技之旅开启四条特色线路，即欣赏之旅、体验之旅、竞技之旅和社团之旅。"悦读经典"诗文吟诵的慷慨激昂，"我是演说家"的讲者风采，英语绕口令的极速语言，还有那些风格各异、流畅洒脱的书画作品，琳琅满目、新奇有趣的创意木工小制作，色彩鲜艳、造型逼真的彩泥堆塑作品，憨态可掬的智能机器人展示等，是研学之旅中不能错过的风景。

　　欣赏之余，你可以体验细木工作品互动DIY，感受炫彩湿拓的专业技术，品味黄酒品评的独特芬芳等，与同学谈笑风生，交流经验。当然，你也可以积极参与比赛，竞技之旅就在你的脚下，氢氧化钠的标定竞赛争霸、网线制作比拼、建筑CAD制图、花式点钞比赛等，比赛项目很多，每一项都会带给你难以言喻的喜悦。这时候你千万不要谦虚，总有一款比赛适合你。与其在旁边欣赏，不如自己投入地试一次，但不管成功还是失败，你要记得文明用语。最后，不能忘了社团之旅。"创客联盟"梦工场、"舌尖之上"美食制作、"兰亭雅集"茶艺品鉴等，你可以借助所长推销你在社团课上完成的作品，也可以把你的感受和体会与同学分享！

文化点燃青春梦想，技能成就未来人生。有人说，技能和文化是每一所职业学校的立校之本和强校之基。技能文化节从校级和系级两个层面共设置达标、抽测、竞赛、展示四种活动形式，包括专业技能类、文化素养类、创新创业类、展示体验类等四大类比赛。各项竞赛项目的第一名将分别被授予"文化之星"和"技能之星"称号。

亲爱的同学们，最后还要告诉你们一些技能文化节的小道消息。每个项目展台都备有贴心的小礼物，正在等待你的领取。学校还设有抽奖环节，每位同学都有机会获得丰厚的奖品。你心动了吗？

真诚地期待你的参与！竞赛展示中你会收获不一样的精彩！愿你成为这个技能文化节里最耀眼的明星！

技能文化节主办方

2021年5月

（插图：张鑫）

书籍推荐：《挪威的森林》

作　者：村上春树

出版社：上海译文出版社2007年7月版

分享人：唐祺

分享理由：孤独、怅惘、空虚、无奈……你的青春是否也曾被这些负面情绪所困扰？翻开这本书，它会告诉你如何面对人生的困惑，如何才是真正的成长。《挪威的森林》是村上春树最有名的小说，也被评价为"很好玩的书"。书中流淌着一种不可言说的悲哀，你未必会流泪，但必然被触动。

书籍推荐：《致加西亚的信》

作　者：阿尔伯特·哈伯德

出版社：立信会计出版社2012年6月版

分享人：施豪

分享理由：人活一世，半载立业，立业修身。何谓业？忠于心，勤于身，取信于己，德信于人，尽职守规；握初衷，晓前途，山水迢迢，由心出发，方得始终。业精，必以全力付之；人立，必有自信强之。相信，不论是残酷世界还是彼方乐土，拥有自信，勤于立业，都会是你成功的关键。

第四章

无规矩不成方圆：立规篇

不以规矩，不能成方圆。

——孟子

有两种东西，我们愈是时常愈加反复地思索，它们就愈是给人的心灵灌注时时翻新、有加无已的赞叹和敬畏——头顶的星空和心中的道德法则。

——康德

心中有规矩，行为定方圆。

规则二字，从来不是束缚我们的枷锁。圣人七十岁从心所欲而不逾矩，因为方圆已在心中；君子载道载德，所行的每一步都是真理，所言的每一句都是真谛；贤者以自然万物为法，最后无所凭依，逍遥自在。

规则，是泥沙俱下的河流奔腾咆哮后遇到的最后一道堤坝，是席卷大地的狂风在使百草尽折后撞到的最后一堵高墙。只有在章程之下，万物和谐，共享自然。

在条条框框背后的，才是真正的自由。

■ 追根溯源

离娄之明，公输子之巧，不以规矩，不能成方圆。①

①语出《孟子·离娄上》。孟子：名轲，字子舆，战国时期邹国人。孟子继承并发扬了孔子的思想，成为仅次于孔子的一代儒家宗师，对后世产生了深远的影响，有"亚圣"之称，与孔子合称为"孔孟"。孟子及其门人著有《孟子》一书。

辨其真意

离娄眼神好，公输班技巧高，但如果不使用圆规曲尺，也不能画出方圆。

"不以规矩，不能成方圆。"古老的《汉谟拉比法典》点亮了人类法律之光；秦王用法家严律治国，打下秦朝江山一统天下；高祖入关与民约法三章，奠定汉朝开国基石。由此，我们不难看出守规矩的重要性！

学以致用

规矩，就是让学生懂得做人做事都要有分寸，不能逾越基本的道德底线。而"规矩"需要在恰当的年龄树立。一旦过了这个时间，再来树立堪比登天。所以，家长们和老师们一定要明白个中道理，在该管的时候，一定要勇于管理，让孩子守规矩。

如果没有堤坝的围堵，一泻千里的黄河就会恣意妄为；如果没有铁轨的限制，雷霆万钧的火车就会车毁人亡；如果没有规则的约束，纷繁复杂的世界就会杂乱无章。

鲁迅：刻"早"为尺，珍惜时间

鲁迅，原名周树人，字豫才，1881年生于一个官僚家庭，后因祖父银铛入狱、父亲重病缠身，家道逐渐中落。原本生活优渥不愁吃穿的"豪门少爷"也要为家庭生计奔走，也就是这段经历，让鲁迅真切地感受到底层人民生活的艰辛和不易，这也为他后来的文学创作奠定了基础。即使经济拮据，鲁迅依然不放弃求学，先后就读于江南水师学堂、矿务铁路学堂，之后又留学日本。而日本的求学经历，让鲁迅再一次看到了当时中国的"病态"——黑暗破败的国土之上满是思想麻木、愚昧无知的"行尸走肉"！于是，他毅然弃医从文，从此踏上了以笔为刃、以文为药的救国救民道路。

他的不苟言笑、桀骜不驯的文人气，他的大无畏、赤诚热血的革命心，他的"怼天怼地怼自己"的真性情，还有那些为人知和不为人知的童年趣事，都洋洋洒洒地记录在一段段犀利的文字中，被后人时时传唱，在绍兴鲁迅故居的青石板间日日回响。

循着鲁迅的文字，人们走进三味书屋一定会去看看东北角的那一张硬木书桌，上面静静地刻着一个小小的"早"字。字虽小，斜斜地嵌进桌面里，却如寒冬里独自绽放的傲梅，是鲁迅少时记忆中时时铭记的信念准则。

鲁迅十二岁的时候，到三味书屋跟随寿镜吾老师学习。寿先生以博学、正直、治学严谨而闻名，对学生要求尤其严格。这时，家中突生变故，祖父因科场案被捕入狱，父亲身患重病，卧病在床。作为家中的长子，鲁迅小小年纪就不得不担负起家庭的重担。他经常要拿着家中值钱的东西去当铺换钱，再去药店给父亲抓药，然后回家帮着母亲生炉子、熬药、做家务。有时，为父亲看病的医生还会开出一些莫名其妙的药引子，如"经霜三年的甘蔗""蟋蟀一对，要原配"，他便还要花大量精力，走更多路去找寻这些"药材"。日子一长，鲁迅便成了三味书屋里有名的"迟到生"了。

有一天，他再一次因为父亲的病迟到了。寿先生已经上课，鲁迅低着头徘徊在门口，不敢进去。寿先生见了，生气道："十几岁的人了，还爱睡懒觉。上课都迟到，书还能念好吗？下次再迟到就别来了。"

鲁迅咬着嘴唇，没为自己辩解一句，便向先生伸出手："先生，您打我吧！"寿先生叹了口气："你一定要改过！"手中的戒尺最后还是没落下来。但少年鲁迅的内心却比被罚还要难受，他暗暗下定决心，以后一定不能再迟到！

第二天，鲁迅课桌的右上角多了一个"早"字，这是鲁迅一大早用刀一笔一画刻下的，他要用这个字时时刻刻提醒自己要信守承诺，准时上学说到做到。

从那以后，不管父亲的病有多重，不论家中有多少事情要忙，晚上多晚才睡，鲁迅总能早早起床，争分夺秒，把家中事务安排妥当，再赶去私塾上课。他真的再也没有迟到过。

在鲁迅心中，"早"字不仅是他艰难日子里不倒的精神支柱，也成了他日后为人处事的准则和信条，时刻提醒着他要珍惜时间。

他说过："时间，就像海绵里的水，只要愿挤，总还是有的。"鲁迅一生多病，生活窘困，但极爱学习，涉猎广泛。他把别人喝咖啡、谈天的时间都用在了工作和学习上。在他眼中，时间就是生命。在他忙于工作的时候，如果有人来找他聊天或闲扯，即使是很要好的朋友，他也会毫不客气地对人家说："唉，你又来了，就没有别的事好做吗？"为了鞭策自己珍惜时间，他在书房里挂上老师藤野先生的照片，"每当夜间疲倦，正想偷懒时，仰面在灯光中瞥见他黑瘦的面貌，似乎正要说出抑扬顿挫的话来"，鲁迅便又良心发现，勇气倍增，点上一支烟，继续写些为

"正人君子"之流深恶痛疾的文字。也正是这种"挤时间"的拼命劲儿，短短55年的人生里，鲁迅为我们留下了60多部近700万字的文学遗产。

"小的时候，不把他当人，大了以后，也做不了人。"鲁迅言传身教，告诉我们做人的道理要从娃娃教起，言行规矩要从小立好，长大了才懂得爱人、敬人，成为一个顶天立地的大写的"人"。

■ 妙悟古今

奉公守法①

赵奢者，赵之田部吏②也。收租税，而平原君家不肯出租。奢以法治之，杀平原君用事者③九人。平原君怒，将杀奢。奢因说曰："君于赵为贵公子，今纵君家而不奉公则法削，法削则国弱，国弱则诸侯加兵④，诸侯加兵则无赵也。君安得有此富乎？以君之贵，奉公守法则上下平，上下平则国强，国强则赵固，而君为贵戚，岂轻于天下邪？"平原君以为贤，言之于王，王用之治国赋，国赋大平，民富而府库实。

---

①节选自《史记·廉颇蔺相如列传》。赵奢：赵国邯郸人（今河北邯郸），战国后期赵国名将，战国时代东方六国八名将之一。

②田部吏：征收田赋的小官。

③用事者：管事的人。

④加兵：兴兵侵犯。

尊重规则（节选）①

徐长才

　　每个人在社会上都不是孤立的，都生活在群体中。而社会需要有各种各样的规则，俗话说："没有规矩，不成方圆。"用更形象的语言来讲："人情主宰的世界是一个无序卑污的世界，而规则看守的世界才是真正自由的土壤。"当然，仅仅有了规则还不够，更重要的是每个人都能自觉地尊重规则、遵守规则。

　　抗战爆发后，文史大家刘文典没来得及南下，为生计所迫，只得到北平一家米店当账房先生。米店老板很守规矩，从不克扣伙计的工钱。北平沦陷后，老板为躲避战乱，抛下米店，举家逃难。伙计们一时不知所措，有人提议："发财要趁早，现在老板跑了，我们分了钱散伙，说不定这就是我们日后发迹的本钱。"这时，刘文典站出来说："君子爱财，取之有道。凡事都有规矩，老板以前从没亏待过大家，我们应该尊重守规矩的人。现在我们不能因老板逃走而破坏了米店的规矩。我们要团结一致，把米店继续经营好，待老板回来我们也好有个交代。"大家觉得刘文典言之有理，齐心协力让米店照常运转。

　　半年后，老板避难归来，刘文典等人把米店的钱、物、账完璧归赵。老板欣喜异常，对刘文典等人刮目相看，分外优待。正当刘文典要去西南联大任教而为缺少路费发愁时，幸得米店老板慷慨解囊。

　　米店老板守住了不克扣工钱的规矩，受到了伙计的尊重；在老板逃难后，刘文典等人守住不侵害老板利益的规矩，继续经

营米店，得到了米店老板的回馈。守规矩真好！

①本文来自乐读网2015年8月15日"社会"板块。

明哲善思

　　《尊重规则》这篇文章告诉我们：每个人在社会上都不是孤立的，都生活在群体中。而社会需要有各种各样的规则，俗话说："没有规矩，不成方圆。"当然，仅仅有了规则还不够，更重要的是每个人都能自觉地尊重规则，遵守规则。亲爱的读者，你在自己学习、交友中都为自己定了哪些规则呢？请你把它们罗列出来，并张贴在自己的房间里。

■ 歌曲学唱

立

《立》是绍兴市中等专业学校的校歌,于学校成立三十周年之际面向社会广泛征集,经多次修改而来,由王章伟作曲。歌词围绕学校的"立"文化,融入"学致用,行至诚"的校训,"和诚勤优"的教风和"明志善学,精技力行"的学风,用悠扬的古韵道出"立人"文化,用青春的歌声唱响学生立言、立行的活力风采,寄语中专学子都能立德、立志、立业,成长为不负自己、不负他人、不负社会的有为之"人"。

中国自古以「立德、立功、立言」为三不朽。立功之基础乃「立志」与「立业」,「精技力行」方可不负社会。

歌词欣赏

鉴湖水荡漾，会稽山翠苍。

明志善学，文化立人，真善美我们青春飒爽。

兰亭翰墨香，禹风流颂长。

精技力行，品质立校，精气神我们迎潮逐浪。

啊！活力中专是我家。

学致用，行至诚。

知行合一，内外守常。

人生在此起航，梦想插上翅膀。

我们，我们心连心，拥抱阳光。

啊！活力中专是我家。

学致用，行至诚。

理实一体，教学相长。

人生在此起航，梦想插上翅膀。

我们，我们手携手，奔向远方！

王秋林老师的教育智慧：
规范与自由的和谐统一

规则与自由，对立又统一。

人向往自由，又需要规则。

你是否愿意遵守给你带来自由的规则？

　　王秋林老师早年曾在空军部队服役，担任飞机维修师。1986年9月，他考入空军工程学院深造，并以优异的成绩毕业，进入飞行学院担任航空理论教官，从事飞行学员的航空理论教学工作。1993年9月他转业来到绍兴中专任教。在他的人生履历中，规范是一个重要的关键词。从维修飞机到教学生做一个简单的榔头，从飞行学院的航空理论教官到国家级优秀指导教师，王秋林老师把军队严于律己的规范从空军部队带到学校的实训室。二十多年来，他用过硬的机械技术成为绍兴中专独特教育智慧规范的代表。

他通过严格的日常训练帮助学生练就严谨规范的操作技术，从市赛、省赛、国赛，一路过关斩将取得累累硕果。

走进王老师所带班级的教室，规范无处不在。作为机械专业任课老师，王老师讲课精彩生动，对学生极具吸引力；在实训过程中他会不间断巡视、指导、纠错，要求学生的操作合乎规范，做到安全操作。课后，王老师时常到任课班级的教室，问学生有哪些不懂的地方，了解学生学习的掌握情况；在早自习的时候，他要求学生养成朗读的习惯，亲自为学生们领读，让早读成为规范；他把"敬业乐业"当成班级学生职业素养规范加以引导，要求学生对专业一定要全心投入，坚持不懈。这每一条凝聚着王老师热爱与关怀的规范，都成了学生人生中最坚实的基础、最宝贵的财富。

王老师恪守规范，却从不墨守成规，在规范的前提下，他给予学生最大的自由。在钳工鸭嘴榔头的技能实训教学中，成品率是许多学生的"噩梦"，因为以前的教学标准是，只要鸭嘴部分缝锯歪、面锉斜、尺寸变小就是废品，这让许多为此付出大量努力的学生深受打击，对课程的兴趣和热情也大大削减。于是王老师优化教学方法，在不降低标准规范要求的前提下，将鸭嘴部分作为自选模块让学生自由想象和发挥，改变以前鸭嘴斜面单一形状的要求。赋予学生"我要做成这样"的自主权，把创新意识根植到学生的意识里，大大提高了学生的学习积极性。鸭嘴部分制作过程中出现的瑕疵因改变其形状或尺寸来获得补救而变得完美，这种创意对学生来说更是一种"匠心"教育。

以规范为前提，带来了创意和思维的自由空间，这就是王老师的独特教育智慧。

和平年代的动物园：
被漠视的规则和消逝的生命

2016年7月，盛夏的北京依然游人如织。八达岭野生动物世界东北虎园内，烈日下的猛兽们也在阴凉处休憩、打盹，一切看起来都是那么宁静。自驾车出游的赵女士一家驱车在东北虎园区内游玩，长时间的车内憋闷让她出现了晕车的症状，她觉得胸闷气短、极不舒服。

游览还在继续，确实已经过了老虎聚集的区域，持续不断的恶心让她难以忍受，她决定找个地方下车，换到驾驶座，这样能够舒服一些。此时车旁还时不时地出现"内有猛兽、禁止下车"的警告牌，但她觉得只要确认附近没有老虎，就应该是安全的，身体上的不适终于打败了她的理智，对规则的漠视让她打开了这扇进园时被再三叮嘱决不允许打开的门。

看到赵女士下车，附近巡逻车辆上的人员立即用大喇叭向其示警"不能下车"，警示声让赵女士迟疑了一下，但此时车后突然窜出一只猛虎，赵女士惊恐万分，立即被扑倒在地，并被老虎拖走。遇此突发状况，同车的赵女士母亲和丈夫赶紧下车追赶，在追赶过程中，赵母不幸被咬身亡，赵女士幸而脱险，但伤情也比较严重。

一个原本幸福的家庭就这样遭遇一死一伤的重大打击，老虎成了死里逃生的赵女士一生难以抹去的阴影，思想背负上沉重枷锁的她也许一生都无法再享受真正的快乐和自由。如果知道是这样的结局，也许她从一开始就不会选择下车，但一切都没有如果。空旷的马路上没有车也没有交警，许多行人和非机动车就会对面前的红灯视而不见；偏僻的公园里小道迂回，不想多走路的游人就会选择在写着"禁止踩踏"的草坪上走出一条"走的人多了，也便成了路"的小路；川流不息的马路上，还有人为了方便选择铤而走险，跨越栏杆……有些规则，早已深入人心，但这些违规行为，却也是我们司空见惯的。八达岭动物园惨剧就是在人们对规则的漠视和侥幸心理的作用下发生的，和这些行为没有本质的差别。当我们漠视规则追求自由时，或许就会失去最基本的自由。

鉴别与思考

1. 规则是不是对自由的束缚？谈谈你对规则和自由关系的看法。

2. 在过马路的时候，发现周围没有车辆没有交警，你会选择闯红灯吗？

（插图：冯兴榕、杨一冰）

立规明矩，恒于养成。

一派（π）好习惯，

愿你我一起践行！

养成"一派（π）好习惯"
提高职业素养

无规矩不成方圆。要想成为一名"在社会上是个好公民，在学校里是个好学生，在家庭里是个好儿女，在单位里是个好员工，与人相处是个好朋友"的"五好"学生，就要提高自身的职业修养，养成良好的行为习惯，培养规范的职业素养。

今天，乐乐姐姐就为同学们推荐一个必备神器——绍兴中专"一派（π）好习惯"。这是学校为践行"文化立人 品质立校"目标，将工匠精神融于校纪校规而创立的独具专业特色的规范标准。

"π"即圆周率，一"π"也就表示一个圈，要求师生在教学、实训、办公、生活等各方面严格遵守"7S"(整理、整顿、清扫、清洁、素养、安全、节约)管理规范，以实现"人人负责周围一小圈，营造美好氛围一大圈"的目标。

规范标准的创意来源于企业的7S管理标准，融合了企业文化、专业文化和职业文化，让同学们不出校门就能提前体验企业文化，践行职业素养。

现在，机电技术应用专业的同学已经抢先一步，率先开展了"始于读20分，立于学40分，精于习100分"活动。每个同学都以饱满的精神状态迎接每一天的朝阳，在短短的一天时间里争分夺秒，收获满满。于是，内向的开始变得开朗，调皮捣蛋的学会了自律，不爱学习的逐渐埋头用功，本子上的一笔一画也渐渐清晰端正起来……大家都在向着更好的自己迈进。

那么，财会经贸系、建筑工程系、生物化工系的同学们又有什么别出心裁的立规行动呢？这不，前不久，生物化工系的马从家同学就因为一种特别的"立规行动"上了校园热搜榜。个头不高的马从家在大家眼中是一个不善言辞的"行动派"。每天早晨，身为劳动委员的他总是很早到达教室，无论自己是否值日，都会主动去拖地、擦瓷砖，每个慢动作都诠释了他专注认真的模样；每天放学铃声一响，班级同学就像放飞的鸟儿蜂拥而出，只有他会默默地将每一张课桌对齐，将还未来得及清理的物品打扫干净，每个弯腰对标的身影都凝聚了他强烈的集体责任感和荣誉感。

其实，在我们身边还有许许多多的"立规达人"，现在，请你审视自己，环顾四周，想一想同学们在日常行为习惯上还存在哪些问题，并围绕"养成'一派（π）好习惯'，提高职业素养"召开主题班会，通过经典诵读、情景剧表演、典型案例分析等发现问题、分享经验、取长补短，评选出身边的"一派（π）好习惯"立规达人，并制定一套行之有效的具有本专业特色的"立规"标准。

（插图：丁雅芳）

书籍推荐:《将来的你，一定会感谢现在拼命的自己》

作　　者: 汤木

出版社: 天津人民出版社2014年6月版

分享人: 张杨徽

分享理由: 将来有所成就的你，一定会感激现在严于律己的你，将来的你不会缺少催人奋进的正能量。拜读此书，让我们懂得规划自己的人生，学会克制自己浮躁的内心，从此不害怕改变。只要自己懂得规划，明确前进的方向，全世界都会给你让路。

- -

书籍推荐:《原则》

作　　者: 瑞·达利欧

出版社: 中信出版社2018年1月版

分享人: 方嘉楠

分享理由: 对于我们读者而言，重要的不是记下瑞·达利欧的原则，而是如何确立自己的原则。合理的规则，促使我们发现问题，找到其根本原因及解决方法，并且分解到自己的规划中去，时刻给自己导航。这是一本字字珠玑的书，只有"干货"极其丰富的书才称得上字字珠玑。

第五章

夜来忽梦笔生花：立言篇

口者，心之门户，智谋皆从之出。

——鬼谷子

语言只是一种工具，通过它我们的意愿和思想就得到交流，它是我们灵魂的解释者。

——蒙田

当我们与一个人交往的时候，往往最先看到的是他的样貌，但是真正了解一个人，却是从言行开始的。

世人都道李白佯狂，但一曲"人生得意须尽欢，莫使金樽空对月"却让人顿悟，或许他是真正的谪仙人；时人都笑杜甫落魄，但一句颤颤巍巍的"安得广厦千万间，大庇天下寒士俱欢颜"几乎让人垂泪，令世人豁然明白那是心中有大爱。

谨言立言，无问西东。

言之立，如春风化雨，雷霆万钧。真知灼见，经得起时光雕琢，岁月磨砺。包含源远流长的意蕴。

■ 追根溯源

立言，谓言得其要，理足可传，其身既没，其言尚存。[①]

①选自唐代古文《孔颖达疏》。孔颖达：唐朝经学家，孔子第三十一世孙，曾奉唐太宗命编纂魏晋南北朝以来经学的集大成之作《五经正义》。

辨其真意

创立学说，指的是树立精要的言论，提出的义理足以流传于世，立言者百年之后，他的思想学说仍然广为传颂。

历代先贤都将立言视为自身的历史使命，不仅抒发自己的高洁志向，也为传承文明尽心尽力，他们著书立说的不朽业绩，永为后世传扬。

学以致用

立言拓展了立德立功的广度，发人深省，促人奋进。学校一直鼓励同学们亲近传统文化，从经典论著中汲取精神力量，抒发真情实感，手写我心，易于动笔，乐于分享，积极进行职业规划，表达充满正能量的人生感悟。

秋瑾：炮火中的铿锵玫瑰

"我此番赴死，是为革命，中国妇女还没有为革命流过血，当从我秋瑾始。纵使世人并不尽知革命为何，竟让我狠心抛家弃子。"

这重若千钧的话来自民国时期绍兴的一朵铿锵玫瑰——秋瑾。

光绪年间，秋瑾生于福建的一户书香人家。五代为官，代代不断的努力，让秋瑾的父亲成为一方大吏，并携家人迁至湖南做官。在家庭的精英教育下，秋瑾文能熟读诗词，武能骑马射箭。

但是彼时的中国，尚在封建思想的影响下，秋瑾在父母的安排下，嫁给了湖南的富绅子弟王廷钧。所幸两人志趣相投，切磋学艺，琴瑟和谐。婚后一年，他们有了第一个孩子，但是这并没有消减秋瑾的志气。丈夫问起，她只回："将巾帼易兜鍪。"

一团不灭的火，始终燃烧在她的胸口。

婚后四年，风云变幻。秋瑾又随丈夫迁至京城。彼时的京城正在轰轰烈烈地搞洋务运动。这让来自远离政治中心的湖南的夫妻俩开了眼界。而秋瑾，更是成了中国第一位坐着四轮洋式马车去看戏的女性。

1900年，庚子年暴乱，生灵涂炭，满目疮痍。在和丈夫不断地斗争下，秋瑾离开了中国前往日本，成了最早的女留学生之一。那惨不忍睹的人间景象，让她意识到：现在已是千钧一发之际。

"祖国陆沉人有责，天涯漂泊我无家。"

只身漂洋过海，秋瑾开始了她人生的新篇章。在日本，她成立了共爱会，发表女权主义的文章，演说革命救国，与孙中山、周树人等创立了《白话报》。这个出生于江南原本应该温婉贤淑的女性，成了当时留学生中最璀璨的一颗星星。

"女学不兴，种族不强；女权不振，国势必弱。"

后来，因学费不够，秋瑾只能回国。在上海，她毅然决然地加入了当时已被清政府视为异端的同盟会，并在绍兴女学堂授课。为了不连累家人，她最终选择与家人断绝了关系。

尽管心怀惊天巨浪，但那一刻，她心中，还是下起了绵绵细雨。只是革命，本就是一件要抛弃千万的事情。

1907年，秋瑾与浙江光复会成员一起组织了起义，但最终因为准备不足，起义失败，秋瑾自己也被捕。

面对千百次的严刑拷打，秋瑾也绝不吐供。这皮肉之苦，远远比不上对中国现状不堪一视的内心煎熬。尽管民众遥相呼应，要求清政府放人，但秋瑾还是被下了"斩决"的宣告书。

被捕后的第二天，年仅三十二岁的秋瑾，在绍兴轩亭口从容就义，留下了千古绝唱："秋风秋雨愁煞人。"

这朵原本柔美轻盈的小花，最终化为一柄锋利的宝剑，折戟于人世。

秋瑾死后，王廷钧因妻子身份特殊，在舆论和家族的压迫下无法前去收尸。畏于连坐，一时间竟没有人前去认领尸体。县令李钟岳将遗体安葬在绍兴的卧龙山西北，后又因为殡舍的主人得知，那是"反贼"的尸体，要求迁出，只能将遗体安放在荒山中。中间又经历了几十年的屡次迁移，最终在1980年，秋瑾的遗体在西湖畔安然落地，与岳飞墓相邻。鉴湖女侠在多年的风雨漂泊后得到了应有的安息。

如今，伊人虽已逝，但是她的传奇经历却永远活在人们的记忆中。当我们每个人在朗诵"如许伤心家国事，那堪客里度春风"时，还能回望，那永远静静守护自己热爱的土地的铿锵玫瑰。

■ 妙悟古今

孔融认亲①

　　孔文举②年十岁，随父到洛。时李元礼有盛名，为司隶校尉。诣门者皆俊才清称③及中表亲戚乃通④。文举至门，谓吏曰："我是李府君亲。"

　　既通，前坐。元礼问曰："君与仆⑤有何亲？"对曰："昔先君仲尼与君先人伯阳有师资之尊，是仆与君奕世为通好也。"元礼及宾客莫不奇之。

　　太中大夫陈韪后至，人以其语语之，韪曰："小时了了⑥，大未必佳。"文举曰："想君小时，必当了了。"韪大踧踖⑦。

①选自《世说新语·言语第二》。

②孔文举：孔融，字文举，东汉文学家，自小聪慧。

③清称：有清高的名称。

④乃通：才（予以）通报。

⑤仆：我，谦称。

⑥小时了了：小时聪明。

⑦踧踖：局促不安的样子。

四十年来的写作（节选）^①

琦 君

　　四十年来，我一直兢兢业业地没有放下笔，一来是由于写作是一份乐趣，放弃了会感到空虚，二来则是希望写作鞭策自己日新又新，至少使心灵与思维保持敏感清新。所以写作与读书是我的终生寄托，在这方面的锲而不舍，只是历程而不是成果。我无论怎样忙乱或心情欠佳时，一投入写作，烦忧就会丢诸九霄云外。虽然文章里有喜有悲，那是忘我的悲喜，是超越于尘缘之外的悲喜，即使流泪也是快乐的。

　　我的作品，从构思到完成，过程是相当辛苦的。对自己来说，也是一种快乐的煎熬。也许有人认为写散文不比写小说，小说要安排故事，穿插情节，描绘人物，呈现主题。散文则是直抒胸臆，正如胡适之先生说的"我手写我口"。但文章究竟不同于口语，不能不下一番修饰工夫。古语说："言而不文，行之不远。"我们读古今名家散文，无不字字珠玑。我是念文学的，也爱诗词。在一篇稿子写完以后，总要来回读好几遍，检讨上下文语气是否贯穿，全文前后是否呼应，是否有矛盾。遇有句中声音太接近的字或重复的字，总要尽量修改，尽量做到"文从字顺"。我不喜欢玩文字游戏，或故作惊人之笔，认为"平易"并不是"平淡""平庸"，要写到平易，才是工夫。

　　写作是快乐的煎熬，也是苦乐参半。当一篇稿子写到一半，突然思路不通，卡住了，那真是懊丧万分。只好废笔而起，外出散步或做家务、手工，整个把它忘掉，回头来再提笔。如仍继续不下去，就把稿子撕去，相信人人都有此经验。我不是天才，很少能有一气呵成的文章，总是涂涂改改，抄了再抄。尽管再抄的字迹仍一样不成形不成体，而文章却渐渐成形成体了，到此时，心头的快乐无比。

我始终认为，创作上一个最重要的字就是"诚"。"诚"就是真挚的感情，正确的思想。古语也说："修辞立其诚，不诚无物。"没有真切的感受，只是在文字上玩技巧，终落得空疏无内容。秉一个"诚"字而写，便是至情至性的好文章。

其实写什么内容都无关系，只要是自己的深切感受。一花一木，一粒沙子中都可见大千世界。只要不是为文造情，只要不写梦呓似的叫人看了如堕五里雾中的文句。能寓情于事，寓理于情的，都是有可读性的好文章。

①选自《琦君散文集》，北岳文艺出版社2013年9月版。琦君：知名女作家，幼时由家庭教师传授古文，十四岁考入弘道女中，中文成绩名列前茅，曾任台湾"中国文化大学""中央大学"的中文系教授。代表作《琦君小品》《读书与生活》《烟愁》《桂花雨》等。

明哲善思

1. 孔融自幼能言善辩，应答不卑不亢，为同学们在人际交往过程中，如何文明得体地与人沟通带来哪些有益启示？

2. 琦君的文字是手写我心的有力体现，她认为创作贵在诚意。你平时作文注重表达真情实感吗？请和同学说一下你的写作经历，谈谈为什么真挚的文章才具有感染力。

吟唱新体验

儒门立言，传千年中华人文精神；厚德载物，涵养了世界上唯一一个文明不断层的伟大民族——中华民族。

■ 诗文吟诵

孔子弟子及其再传弟子将孔子生前与弟子们的对话、经历和观点等汇编成《论语》。儒门圣贤所立之言成为后代万世的精神纲领，也是中华人文精神的集中体现。

唐调吟诵是唐文治先生根据桐城派读文法而创造的一种古人读书方式，是儒家诵经的代表性吟诵调，也是迄今为止读文影响最大的吟诵调，被称为"近代读书第一调"。先秦散文多以尾腔半拖腔"653""216"作结，秦汉后的散文多以尾腔半拖"615"或长拖腔"21615"作结。

论语·子张篇第十九

子张①曰："士见危致命②，见得思③义，祭思敬，丧思哀，其可已矣。"

指点迷津

① 颛孙师，字子张，孔门弟子之一。出身微贱，且犯过罪行，经孔子教育成为"显士"。孔子死后，被迫离开鲁国，独立招收弟子，宣扬儒家学说，是"子张之儒"的创始人。子张之儒列战国儒家八派之首。

② 致命：授命，舍弃生命。致：给予，献出。

③ 思：反省，考虑。祭思敬是说祭祀时想想严肃不严肃，下用法同。

吟诵技法

1. 基本上一字一拍吟诵，有时虚字需要和上一个字或下一个字连成一拍；

2. 根据语义分低调和高调：

　　低调为5555555566 5566；高调为2222 11 2233 11 21；

3. 在每一个语义小节处有一个半拖腔"216""615"或长拖腔"21615"；

4. 以情带声，以气运声。

吟诵简谱

下面我们用音乐的旋律一起来吟诵《论语·子张篇第十九》吧！

```
 5 5 5      5 5 5 6 6    5 5 6 6
子张曰："士 见 危 致 命，见 得 思 义，

            5 5 6    2 2 1    2 3  21  615
            祭 思 敬，丧 思 哀，其 可 已  矣。"
```

（插图：谢燕玲）

语言文字是一种魔法，有人著书立说铸造他人的灵魂，有人网络发声牟取自己的利益，聪明的孩子，你将怎样使用这种魔法？

一位特别的校长：
把每一个学生都当作宝贝

有这样一位校长，在对每一届新生的欢迎词中，他都会亲切而诚恳地对学生说："你们是我的宝贝！"他不仅是这样说的，也是这样做的，他就是绍兴市中等专业学校原校长娄华水。

"鉴湖越台名士乡"，听到娄校长富有磁性的声音，很容易让人联想到毛泽东主席在纪念鲁迅先生八十寿辰时写的两首七绝中的这一句诗。历史文化名城绍兴用它的底蕴滋养着一代代的江南俊彦，娄华水便是其中一员。在百度和谷歌的搜索结果中，他的名字总和一些核心期刊的职业教育论文一起出现，这正是他多年来全身心投入中职教育并且笔耕不辍的有力体现。

娄校长温润谦和，言谈间爽朗的笑声显得他特别平易近人，他对学生的爱，体现在绍兴中专"全人教育"理念下的一系列改革之中。绍兴中专一直以来都比较重视挖掘自身的人文优势，让学生秉承中华民族的传统美德。有多年英语教学经验的娄校长号召全校教师以身作则，关心爱护每一个孩子，在教育教学过程中潜移默化地给予学生更多的人文关怀。来职业学校就读的学生学习底子比较薄，在初中的学习生活中有很大一部分遭遇过挫折，面对这样的学生，娄校长不厌其烦地鼓励他们，无微不至地关心他们，帮助学生重新燃起求知的热情和自信。第一次见学生时他就告诉学生，他把中职生当作宝贝。在他眼中，职校的学生都很聪明，文化课虽然稍微薄弱些，但动手操作能力很强。"我看他们不是讨厌学习，而是学习过程中没有找到合适的方法。"除了学习上的引导，他还很注重学生品行的培育。"我希望这里的学生，男孩多一点绅士风度，女孩多一些淑女风范，这是我们教育的目标。"他希望从绍兴中专走出去的学生，能让家长满意，社会放心。每一位学生，对学校来说，是几千分之一；但对家庭来说，是百分之百。他们是一个家庭乃至几个家庭的宝贝。

家庭是社会的基本细胞，只有一个个家庭的和谐，才有整个社会的和谐，而家庭的宝贝就是学校的宝贝。为了真正体现这一点，学校围绕树立学生自信、做合格公民，实施了宝贝计划，开展了抬头教育、雅行教育、朋辈教育三项教育。

娄校长始终坚信，职业教育的目的不是"制器"，而是"育人"，要培养全面和谐发展的人，就必须树立"全人教育观"。因此学校在办学过程中，不仅注重学生专业技能的培养，更注重学生行为习惯、道德修养的养成，努力促使学生成为"善、健、雅、专、智、能"的全人。他倡导师生切实践行 "到工场去操练、到赛场去体验"的专业教学实践。

"全人教育"和"宝贝计划"为学生的发展奠定了坚实的基础，学校在全国职业技能大赛中捷报频传，高考升学率年年攀升，许多孩子成了省状元或探花，进入了自己梦寐以求的大学校园；学校德育工作广受好评，最大的成就还在于培养了一群彬彬有礼的"绅士""淑女"，一改社会原本对中职学生的不佳印象。绍兴中专成了国家级重点职业学校和国家级改革发展示范学校。

娄校长用自己对中职教育的理念，用自己日复一日的著书立说和实践力行，成中职教育一家之言，为中职学生发声，为学生插上了成长成才的翅膀。

沦为"谣言传播者"的环保专家

以他的学术成就来看，董良杰是一个当之无愧的环保专家——他在重金属污染处理技术方面有着绝对的发言权，他主持设计和建设的Waialee废水处理和面源污染控制工程，曾被美国环保总署评为成功样板工程。

是什么让一个国际权威的水处理专家变成了一个身陷囹圄的阶下之囚？这还要从他回国开始创业开始讲起。

2011年，董良杰回国创业，主要生产净水器，因为曾经丰硕的研究成果，踌躇满志的他雄心勃勃地想要成为净水器领域的乔布斯。看到社交媒体对公众认知的重大影响，他特别开通了微博，科普自己的研究成果，希望以此引起网友对水质水环境的重视，帮助自己拓宽销售渠道，但收效甚微。

机缘巧合下，他结识了大V"薛蛮子"。后者将自己的网络宣传心得悉数传授："不能太专业，要通俗化，现在流行标题党，这样容易吸引眼球。"在利益的驱使下，董良杰开始了自己的"用谣言宣传追求轰动效应"的道路。他相继炮制了"北京自来水中雌激素超标危害健康""舟山人头发里汞超标因海鱼重金属污染"等

耸人听闻的惊爆微博，虽有相关专家辟谣，但仍引起了广大网友的恐慌和对水质的质疑。他的言之凿凿和专家身份，都成了谣言传播负能量的武器，这两条传播甚广的微博，在网上掀起了轩然大波，造成了严重的负面影响。

2013年9月28日，北京市公安局公布，因涉嫌寻衅滋事罪被依法刑事拘留。后因情节轻微于九个月后释放。可想而知的是，他的环保专家和净水器产业之路也已然走到尽头。

真专家和造谣者，两个风马牛不相及的词语因为利益而集于一人身上，他以为用言论可以左右网民的想法，却最终彻底毁了自己的环保事业。

鉴别与思考

1. 故事中的两个主人公都有自己坚持的理念，一个拥有了直击人心的力量，一个却失去了自己毕生的事业，你觉得原因是什么？

2. 你觉得怎样才能让语言更好地发挥正向的作用？

（插图：冯兴榕）

■ 创业计划书

如今，你正处在一个筑梦圆梦的新时代，你的中职生涯也正是一个逐梦的好时光。在每个人的心里，都隐藏着一个创业情结，年轻的我们不该让青春的激情和能量付之流水，而是要主动将其投放到实现梦想的实践中去。

你知道创业有哪些模式吗? 让我来给你介绍一下吧:

1.**网络创业**: 主要有网上开店和网上加盟两种形式。

2.**加盟创业**: 采取直营、委托加盟、特许加盟等形式连锁加盟，投资金额根据商品种类、店铺要求、加盟方式、技术设备的不同而不同。

3.**兼职创业**: 在工作之余再创业，如业务员可兼职代理其他产品销售，设计师可自己开设工作室，编辑、撰稿人可朝媒体、创作方向发展，会计、财务顾问可代理做账理财等。

4.**团队创业**: 具有互补性或者有共同兴趣的成员组成团队进行创业。一个由研发、技术、市场融资等人才组成，优势互补的创业团队，是创业成功的法宝，对高科技创业企业来说更是如此。

5.**大赛创业**: 利用各种商业创业大赛，获得资金提供平台。

6.概念创业：凭借创意、点子、想法创业。当然，这些创业概念必须标新立异，至少在打算进入的行业或领域是个创举。

7.内部创业：在企业的支持下，有创业想法的员工承担企业内部的部分项目或业务，并且和企业共同分享劳动成果的过程。

在我们校园里也有这样一群追梦者。

多美个性定制创业基地

此项创业由"多美面料定制"淘宝店铺和"创客联盟"实体店线上线下联合进行。基地专门为顾客打造以手绘为主的创意设计，手绘图案可以由专业老师进行设计，消费者也可自行准备图片，来店内动手做。可以根据自己的创意和灵感创作T恤、板鞋、丝巾等。

红蚂蚁木工

此项创客计划，主要培养学生对手工创作的兴趣，以木作DIY为主，学生们不但体验到了制作带来的快乐，更在制作过程中掌握了常见工具的使用、木工基础知识以及领悟到了团队合作的快乐。

创客联盟

这是一个集培训、指导、实训、孵化等多项职能于一体的学生模拟创业实践平台。社团组织中有创业想法的学生成为小店家，平台对其经营项目进行审核，并且培训入库、销售、店铺陈列美化、收银、盘点以及财务等工作，创客联盟社团一年四季均正常营业。

看了这些校园中的创业事例，你心动了吗? 但是，凡事预则立，不预则废，要想创业，你首先要有一份创业计划书。关于创业计划书，有个6C规范:

1.Concept（概念）:就是在计划书里，要让别人可以很快地知道你要卖的是什么。

2.Customers（顾客）:有了卖的东西以后，接下来是要卖给谁，谁是顾客。顾客的范围要很明确，若所有的女人都是顾客，那五十岁以上的女性、五岁以下的女孩都是同一个客户群吗? 适合的年龄层要界定清楚。

3.Competitors（竞争者）:东西有没有人卖过? 如果有，是在哪里? 这些竞争者跟你的关系是直接还是间接? 你的东西有没有其他的东西可以取代?

4.Capabilities（能力）：要卖的东西自己会不会、懂不懂？譬如说开餐馆，如果师傅不做了找不到人，自己会不会炒菜？如果没有这个能力，至少合伙人要会做，再不然也要有鉴赏的能力，不然最好是不要做。

5.Capital（资本）：资本可以是现金也可以是资产。资本在哪里，有多少，自有的部分有多少，可以借贷的有多少，要很清楚。

6.Continuation（持久经营）：当事业做得不错时，将来的计划是什么？

请参考以上"6C"规范，和你的创业伙伴共同写出属于你们的创业计划书。

（插图：刘希平）

书籍推荐:《论语人生》

作　　者:杨国华

出版社:中国广播电视出版社2006年9月版

分享人:王思棋

分享理由:多少人读《论语》,就有多少种《论语》的解读。真正的圣贤不会端着架子、板着面孔说话。他们把鲜活的人生经验,通过隽永的文字传递到今天,让我们回味品读时仍觉温暖。然后他们站在千古之前,缄默地微笑着、注视着,看我们依然在他们的言论中受益。

- -

书籍推荐:《别输在不会表达上》

作　　者:李劲

出版社:古吴轩出版社2016年8月版

分享人:沈丹婷

分享理由:语言表达能力是成功至关重要的因素。人际关系学家戴尔·卡耐基说:"一个人的成功,15%靠技术知识,85%靠口才艺术。"良好的语言表达能力,能帮助人们收获成功,带来幸福,所以,这本书绝对是闲暇时的良餐,不妨品一品,定会有所收获。

第六章

君子不重则不威：立行篇

凡事以理想为因，实行为果。

——鲁迅

行为胜于言论，对人微笑就是向人表明：我喜欢你，你使我快乐，我喜欢见到你。

——卡耐基

其身正，不令而行；其身不正，虽令不从。先贤们用自己的每一步，践行着真理。

首阳山下仿佛还能依稀看见伯夷叔齐采薇的身影，缧绁之中，司马迁也仿佛颤抖地举起那如千斤般重的笔。

没有比行为更好的说明方式，如果说言语为思想树立起了框架，那么真理所要到达的彼岸必定是行为。

满口大义的人太多，但梦想只会属于那些沉默地践行着真理的人。

立行修道，为的是无愧于心。

展开你飞翔的翅膀，看清你远航的方向，涉过这残冰黑夜，迎接你灿烂的曙光。

■ 追根溯源

天行健，君子以自强不息。①

①语出《周易》。《周易》又称《易经》，相传是周文王姬昌所著。该书囊括了天文、地理、军事、科学、文学、农学等丰富内容，位列"五经"之首，被誉为"大道之源"，是中华文明的源头活水。

辨其真意

天道运行刚劲雄健，君子应自觉奋发向上，永不松懈。

天道（即自然）的运动刚强劲健，相应地，君子处世，也应像天一样，自我力求进步，刚毅坚卓，发愤图强，永不停息。从古至今的历史长廊里，有多少仁人志士以自身的经历告诉了我们这个道理。我们行走在这条寻梦的道上，无论前方多么曲折坎坷，请都不要停下脚步。我们要相信，只要坚持下去，终会如同泉水一般流入大海。

学以致用

职业学校是培养工匠人才的地方，倡导"立行"，就是教育学生要努力践行社会主义核心价值观。它不是高高在上的教条，也不是空洞冰冷的口号，它应该贯穿于学生日常学习生活的点滴之中，即从自身做起，立足实际，脚踏实地，把自己锻造成时代所需要的建设者和接班人。

■ 乡贤行思

勾践：卧薪尝胆，三千越甲可吞吴

吴王阖闾打败楚国，成了南方霸主。吴国跟附近的越国（都城在今浙江绍兴）素来不和。公元前496年，越国君主勾践即位。吴王趁越国刚刚遭遇丧事，就发兵攻打越国。吴越两国在檇李（今浙江嘉兴西南，檇音zuì），发生一场大战。吴国战败，吴王阖闾中箭受了重伤，临死时他对儿子夫差说："不要忘记报越国的仇。"

吴王阖闾死后，夫差即位。两年后，一心为父报仇的吴王夫差亲自率领大军去攻打越国。越王勾践手下有两个很能干的大夫，一个叫文种，一个叫范蠡（音lí）。范蠡对勾践说："吴国练兵快三年了。这回决心报仇，来势凶猛。咱们不如守住城，不要跟他们作战。"勾践不同意，也发大军去跟吴国人拼个死活。两国的军队在大湖一带打上了。越军果然大败。

是继续战斗，还是求和？继续战斗，结果必然是身死族灭。求和，尚有一线生机，但也是千难万难。两相比较，范蠡劝说勾践求和。勾践派文种到吴王营里去求和。文种在夫差面前把勾践愿意投降的意思说了一遍。吴王夫差想同意，但伍子胥坚决反对。

此路不通，文种又想方设法去打听。终于被他打听到吴国的伯嚭（音pǐ）是个贪财好色的小人。文种就把一批美女和珍宝，私下送给伯嚭，请伯嚭在夫差面前讲好话。经过伯嚭在夫差面前一番劝说，吴王夫差不顾伍子胥的反对，答应了越国的求和，但是要勾践亲自到吴国去。为了越国的生存，为了百姓的生活，勾践把国家大事托付给文种，毅然带着夫人和范蠡到吴国去。

勾践到了吴国，现实并没有想象中那么轻松。夫差让他们夫妇俩住在阖闾的大坟旁边一间石屋里，叫勾践给他喂马。夫差每次坐车出去，勾践就给他拉马。堂堂一国之君竟然做的是奴仆的工作！这样屈辱的日子一直持续了两年。两年后，夫差以为勾践真心归顺了他，就放勾践回国。

回到越国后，勾践立志报仇雪耻。他唯恐被眼前的安逸消磨了志气，在吃饭的地方挂上一个苦胆，每逢吃饭的时候，就先尝一尝苦味，还问自己："你忘了会稽的耻辱吗？"他还把席子撤去，用柴草当作褥子。这就是后来人传诵的"卧薪尝胆"。

勾践决定要使越国富强起来，他亲自参加耕种，叫他的夫人自己织布，来鼓励生产。因为越国遭到亡国的灾难，人口大大减少，他制定奖励生育的制度。他叫文种管理国家大事，叫范蠡训练人马，自己虚心听从别人的意见，救济贫苦的百姓。全国的老百姓都巴不得多加一把劲，好叫这个受欺压的国家变成强国。这就是蒲松龄的对联所描述的："有志者，事竟成，破釜沉舟，百二秦关终属楚。苦心人，天不负，卧薪尝胆，三千越甲可吞吴。"

公元前473年，勾践经过二十多年的不懈努力，终于战败昔日的敌人吴王夫差，吴国灭亡。这个故事告诉我们：目标引领行动，行动则决定命运。习惯的养成，信念的执行，理想的实现，都不是一朝一夕的，没有经历风雨的果实不会甜美，没有远大目标的人不会成功，让我们行动起来，奋发图强，持之以恒，迎接胜利！

妙悟古今

劝学（节选）①

　　曾子曰："君子行于道路，其有父者可知也，其有师者可知也。夫无父而无师者，余②若夫何哉！"此言事师之犹事父也，曾点使③曾参，过期而不至，人皆见曾点曰："无乃畏④邪？"曾点曰："彼虽畏，我存，夫安敢畏？"孔子畏于匡⑤，颜渊后，孔子曰："吾以汝为死矣。"颜渊曰："子在，回何敢死？"颜回之于孔子也，犹曾参之事父也。古之贤者，与⑥其尊师若此，故师尽智竭道以教。

①选自《吕氏春秋·孟夏纪》。《吕氏春秋》又名《吕览》，在秦国丞相吕不韦主持下，集合门客编撰而成。此书以儒家学说为主干，以道家理论为基础，以名、法、墨、农、阴阳家思想学说为素材，熔诸子百家学说为一炉，闪烁着博大精深的智慧之光。

②余：一说为"我"，一说为"其他的"。

③曾点：字皙，曾参之父，孔子的弟子。使：派遣。

④畏：通"围"。下文的"孔子畏于匡"，即"孔子围于匡"。

⑤孔子畏于匡：孔子去卫适陈，在经过匡地时，匡人误认孔子为阳虎，围困了孔子。

⑥与：语气词。

我喜欢出发①
汪国真

我喜欢出发。

只是到达了的地方，都属于昨天。哪怕那山再青，那水再秀，那风再温柔。太深的流连便成了一种羁绊，绊住的不仅有双脚，还有未来。

怎么能不喜欢出发呢？没见过大山的巍峨，真是遗憾；见了大山的巍峨没见过大海的浩瀚仍然遗憾；见了大海的浩瀚没见过大漠的广袤，依旧遗憾；见了大漠的广袤②没见过森林的神秘，还是遗憾。世界上有不绝的风景，我有不老的心情。

我自然知道，大山有坎坷，大海有浪涛，大漠有风沙，森林有猛兽。即便这样，我依然喜欢。

打破生活的平静便是另一番景致，一种属于年轻的景致。真庆幸，我还没有老。即便真老了又怎么样，不是有句话叫老当益壮吗？

于是，我还想从大山那里学习深刻，我还想从大海那里学习勇敢，我还想从大漠那里学习沉着，我还想从森林那里学习机敏。我想学着品味一种缤纷的人生。

人能走多远？这话不是要问两脚而是要问志向；人能攀多高？这事不是要问双手而是要问意志。于是，我想用青春的热血给自己树起一个高远的目标。不仅是为了争取一种光荣，更是为了追求一种境界。目标实现了，便是光荣；目标实现不了，人生也会因这一路风雨跋涉变得丰富而充实；在我看来，这就是不虚此生。

是的，我喜欢出发，愿你也喜欢。

①选自《汪国真诗文集》，内蒙古人民出版社1997年1月版。汪国真（1956—2015），中国当代著名诗人，著有诗集《年轻的潮》《年轻的思绪》等。
②广袤（mào）：广阔，宽广。

明哲善思

《劝学》中，曾晳和颜回用自己的实际行为践行着尊师重教的儒家礼规。而《我喜欢出发》这篇短小精悍的文章，让我们明白，准备好"志向"与"意志"上路，才会使人生更丰富而充实。亲爱的读者，你为实现自己的理想已经做了哪些努力？还准备怎么做？请以"青春立行"为主题，做一份8K纸大小的手账。

（插图：谢燕玲、戴家正）

人永远在路上，也许不得已，抑或想放弃，但我们终将以披荆斩棘的姿态，欣赏路尽头的一树繁花。

■ 歌曲学唱

在路上

《在路上》作为2016年中国大型励志电视节目《赢在中国》主题曲，是由王利芬、张瑞敏作词，王晓锋谱曲，刘欢演唱的一首励志歌曲。整首歌曲如同大海的潮汐，由远及近，由静至动，由缓到急，由浅入深，由弱及强，不同层次地展现了青年人创业的奋斗和决心。刘欢的声音随着旋律轻轻响起，满载着回忆，仿佛一个历尽沉浮的人缓缓地讲述着"那一天"的故事。

那一天，似微风吹拂大海，"我不得已上路"，面带微笑，从容不迫……

那一天，如大海潮起潮落，"为自我的证明"，破釜沉舟，卧薪尝胆……

那一天，像海燕勇敢怒吼，"只为温暖我的人"，高傲飞翔，披荆斩棘……

■ 歌词欣赏

那一天
我不得已上路
为不安分的心
为自尊的生存
为自我的证明

路上的辛酸已融进我的眼睛
心灵的困境已化作我的坚定

在路上 用我心灵的呼声
在路上 只为伴着我的人
在路上 是我生命的远行
在路上 只为温暖我的人
温暖我的人

（插图：李雯）

勿以善小而不为，勿以恶小而为之。
行为得体，举止文明，
便是美好人间。

潘妈妈的温暖

1987年7月，潘丽莉老师从杭州工艺美术学校工艺美术专业毕业，进入绍兴酿酒总公司从事工艺花雕设计工作。几年的技艺打磨和钻研，她更加深爱这门非遗手艺，也悄悄地在心底埋下了一颗育人传艺的种子。1995年，她毅然放弃早已游刃有余的花雕设计工作，踏上了绍兴中专的讲台。

从教二十多年来，她做过班主任，带过竞赛，负责过系部的实训室管理；但无论身份怎么变化，她育人的初心不变，她关爱学生的爱心不失，她精益专注的匠心不灭。正因为如此，她的身边总是围绕着一群可爱的孩子们，叽叽喳喳笑个不停，仔细听，就能听清，孩子们都叫她"潘妈妈"！

这个称呼还得从几年前说起。当时班上有位嵊州的学生，家庭情况特殊，从小由爷爷一手带大，对父母的感情不深，很少与父母沟通和交流。做父母的总想着孩子小时候没时间管他，现在想方设法要"关心"他。但这份"关心"对一个青春期的孩子来说，负担太重，所以双方经常一言不合就吵架。有一次，潘老师知道了这件事，特地把学生叫到办公室了解情况，没有指责也没有批评，而是分享了自己与父母的经历，一下子让学生感受到原来老师竟比自己的父母还要理解自己。此后，只要他和父母产生矛盾，总是要找潘老师倾诉，潘老师也一直耐心地开导他。

久而久之，他竟以"妈妈"来称呼潘老师，直到现在依然如此！他爷爷在弥留之际坚持要给潘老师打电话，托付自己最放心不下的孙子，希望把孙子过继给潘老师当"儿子"！他爷爷托人捎来一幅他自己精心绘制的"百福图"和一副上书"佳丽育人添国色，茉莉吐蕊凝天香"的对联。作为潘老师"认孙为子"的信物，他爷爷将潘老师的名字"丽莉"两字，巧妙地镶嵌其中。文字虽短，却饱含了子孙二人对潘老师的敬重和感激！

"潘老师很有个人魅力，就连那些调皮捣蛋让人头疼的孩子，见了都喜欢她，愿意跟她亲近！"办公室的老师都这么评价她。潘妈妈最大的魅力应该是每次花雕时那沉醉其中的动人魅力吧。因为花雕，她与绍兴中专结缘；因为花雕，她让学生们重拾自信，勇敢追梦。

舒同学是黄酒班老师眼中的"痞子"女生，尖酸刻薄，是为数不多敢呛老师的学生。就是这样一个让人不省心的学生，因为潘老师的花雕课，就喜欢上了花雕。每天放学，她都早早地等在潘老师的办公室门口要求补课。看着学生求知若渴的眼神，潘老师不忍拒绝，便每天下班后带着她制作花雕。从最基础的沥粉到堆塑再到上色，当一个精美的花雕酒坛完成的时候，潘老师和学生两人都开心得手舞足蹈。"制作花雕的过程其实也是一次修身养性。你需要有足够的细心、耐心和爱心去对待它。"潘老师对学生说。慢慢地，这个女生开始变得乖巧懂礼貌，甚至吃完晚饭还不忘给潘老师带个大鸡腿。功夫不负有心人。女生对花雕的热爱与付出，让她在市属级美术现场比赛立体构成项目中获奖。毕业之后，她顺利进入古越龙山花雕工坊，月工资高达8000元。

潘老师说："其实花雕就好比我们的学生，需要精心雕琢才能焕发光彩；也好比我们的人生，要选胚、打磨、堆塑、上色，虽然枯燥辛苦但也乐趣无穷……"带着这种诗意般的花雕哲理，她带领学生创作了无数个花雕作品，多次在职教成果展上展出。12级黄酒班两名学生的作品还获得了全国"挑战杯"创新创业一等奖。2021年10月，在"两岸匠心话传承——2021绍台非遗文化交流活动"中，潘老师代表学校向中国台湾同胞赠送学生的花雕作品，酒坛一面图案是兰花——绍兴市市花，代表着高节；另一面是绍兴的小桥流水，极具绍兴风味。花雕酒坛博得现场一致好评。

潘老师是学生心中的"潘妈妈"，更是学生成长路上的掌灯人、引路人，她把高尚的师德化成母亲般的爱与呵护，把非遗技艺的匠心融入母爱的阳光里，让爱与责任在学生心中发芽、生长。

一次争吵，满是悲伤

古人云：言者，风波也；行者，实丧也。夫风波易以动，实丧易以危。一个人话说得不对，会引起风波，同时一个人的行为错误，也会容易出事。在我们生活中很多悲剧的发生仅仅因为一个小小的举动，常令人唏嘘。

2018年10月28日，一个普通的日子，但对于部分人而言却是一个悲痛的日子。因为，就在这一天他们失去至亲与至爱。而这场悲剧的导火线竟是乘客与司机的一次小小的争执。当天9时35分，乘客刘某在重庆龙都广场四季花城站上车，其目的地为壹号家居馆站。由于道路维修，22路公交车不再行经壹号家居馆站。当车行至南滨公园站时，司机提醒到壹号家居馆的乘客在此站下车，然而刘某未下车。当车继续行驶途中，刘某发现车辆已过自己的目的地站，要求下车，但该处无公交车站，司机未停车。随后刘某从座位起身走到司机的右后侧，靠在司机旁边的扶手立柱上指责司机，司机多次转头与刘某解释、争吵，双方争执逐步升级，并出现攻击性语言。随后，当车行驶至万州长江二桥距南桥头348米处时，乘客刘某右手持手机击向司机头部右侧，而司机右手放开方向盘进行还击，侧身挥拳击中刘某颈部。随后，刘某再次用手机

击打司机,司机用右手抵挡并抓住刘某右上臂。司机收回右手往左侧急打方向,此时车辆失控向左偏离,越过中心实线,与对向正常行驶的红色小轿车相撞后,冲上路沿、撞断护栏坠入江中。

整个悲剧的发生,只有短暂的13秒。令人悲痛的是车上其他无辜乘客的生命也就此葬送;更让人痛心的是,一车人丢失性命的缘由,竟然是因为一个再小不过的事端。刘某在谩骂甚至殴打司机时,丝毫没有意识到,自己的行为是在变相地危害公共安全,而司机也没有意识到,自己手中的方向盘维系着一车人的生命,不能有一刻疏忽。如果时光能倒流,乘客刘某和司机没有争吵,刘某没有动手打人,如果他们争执时能有一个乘客出手制止,那么最后的结局,一定不会如此惨痛。

一次小小的争执,车上15个人就此离开了美好的人间,留下的是亲人无尽的伤与痛。其实若双方都能互相理解包容,刘某不冲动打人,司机能宽容大度,心系安全责任,或许这场悲剧就不会发生。回想"小悦悦"事件,18名路人,18次看着一个小生命遭碾轧无动于衷,冷漠地离开,最终让小悦悦在冷漠中寒冷地离去。如果小悦悦在第一次遭到碾轧的时候,路人及时伸出援手,或许这个可爱的小天使还能活着。

《礼记·缁衣》说道:"君子道人以言,而禁人以行。故言必虑其所终,而行必稽其所敝,则民谨于言而慎于行。"当下的我们需要的就是谨言慎行,时刻注意行为举止,做一个有修养的好公民,让我们这个社会到处是和谐,到处是美好。

鉴别与思考

1.公交车上司机与乘客发生争执,同车的你将会怎么做?是事不关己高高挂起还是积极劝和呢?

2.作为中职生的我们,如何规范自己的言行举止,提高自己的修养与素质?

（插图:杨一冰、谢燕玲）

乐乐姐姐讲礼仪
——行为有度，举止有礼

　　我们的行为、举止，一切的礼数、礼节，都和周遭的生活环境有关系，比方说，古代人穿大袖宽袍，走路就不可能像现代人这样随意潇洒，一定要有节制，有量度。又比方说，古时候房间里都没有席、榻等坐具，进屋就要入席、下榻。大家看古代影视剧时，应该会注意到一种很特别的走路方式：类似戏曲跑圆场的小碎步快走。也许如今看上去这有些奇怪，甚至可笑，但在古时候，见尊长，特别是君主的时候，"趋步"走却是一种很重要的、表示尊重的礼仪。

　　为什么会有这样的走路姿势呢？在古代，男女成年时，会分别举行冠礼和插笄礼。用冠和笄把头发束在头顶。从那天起，你就不是孩子，不能太放肆了。作为成年人，你必须注意，要行为有度，举止有礼。最起码，你需要保持头发一天都不能散乱。古代没有发胶，也没有发卡，于是，就出现了"趋步"这样一种用膝盖控制，感觉像是小步走、碎步走的姿态。后来，趋步逐渐演化成为一个首要的上朝礼仪。赞礼官喊："趋！"下面的大臣就"哗"地小跑过来，上朝了。有了趋步上朝，才有了后来我们看三国曹操的"剑履上殿"（穿着鞋、带着剑上殿），而且"带剑不趋"，带着剑还不用小跑，这对任何大臣都是一个天大的恩赏。带剑就是对皇帝的巨大威胁，你进屋又不用脱鞋，还大摇大摆傲慢地走……这不是开玩笑吗？这就等于说你是国父啊！

当然，我们讲这些，不是说让大家严格遵守古礼。现在已经是21世纪了，如果非让各位见面就"跑圆场"，那可能真的会挺可乐的。但是，这并不是说现代生活中就没有"趋步"。为什么这么说呢？比如，你在餐厅等客人，客人来了，你站起身往前走两步，跟人家打招呼。这"走两步"其实体现的就是"趋步"的精神。如果我们在比较空旷的地方遇到朋友，你肯定会快跑几步的。这小跑几步，就是表示敬意，就是不傲慢。当我们告别的时候，很少有人说完"再见"就"唰"一下转身不见了。通常来说，都是一边慢慢往后退，一边道别。

其实我们的礼仪并不是没有了，它都在心里，随着敬意有外化的表现，只是可能没有那么突出，但事实上，我们还是很重视"行为有度，举止有礼"的。这些礼仪都是古代传承下来的，只是可能我们没意识到这一点。我们了解古代人的人际交往礼数，其实就是想让自己能更好地成为一个优雅的中专生。

做一个行为有度、举止有礼的中专生，当然也包括注意自己的穿着。你穿的衣服制约着你的行为，你的行为也映衬着你的穿着。虽然做一个有内涵的人，修身修心是最重要的，但外在也不是可以忽略的。

有很多人说，我内心强大，我不拘小节。但我觉得，最好还是要表里一致。内心再强大，也不意味着我就可以不刷牙、不洗脸，我衣服头发乱七八糟，难道这样就是文人学者，就是艺术家了？我觉得，做一个优雅的中专生，既要有丰富的内涵，也要有值得人尊重的仪表和谈吐。内外兼修才是最重要的，不是吗？

好家风行正气
——指尖上的"家书"征集活动

尺素传真情,家书抵万金。家书是实现"家和"的重要方式和途径,不仅是人们思亲寄情的纽带,还是传统文化的精神标识,传承着中国人心底最深沉的家风情怀。即使在信息高度发达的今天,改变的只是家书的形式,不变的是家书蕴藏的巨大能量。乐乐姐姐在这里想组织一次"好家风行正气——指尖上的'家书'征集活动"。

一、征集范围

全体师生

二、征集内容

围绕行为举止上的家训、家规、家风,给家人撰写一封电子家书。可以是长辈对晚辈的教导或期望,也可以是晚辈对长辈的请教,还可以是同辈之间的相互学习和鼓励等,传递家人之间在行为举止上的良好家风,弘扬传统家书文化。

三、征集要求

1. 作品以300—500字为宜。

2. 作品要求原创,思想健康,内容真实,感情真挚。

3. 请广大师生通过乐乐姐姐活动邮箱投稿,我们将评出一、二、三等奖,优秀作品将在校园网和微信公众号上展出,作者还将得到精美的纪念品。

书籍推荐：《活着已值得庆祝》

作　　者：刘伟

出版社：光明日报出版社2011年11月版

分享人：何佳盈

分享理由：2010年首届"中国达人秀"的舞台上，一个失去双臂、全程用脚趾弹奏钢琴的24岁男孩，以他精彩的表演和洒脱面对苦难的人生态度，感动了亿万电视观众，他就是本书的作者，首届"中国达人秀"总冠军刘伟。一场意外一度将他推向死亡，但对生的渴望又让他奇迹般活了下来。此后的十年，从第一次尝试用脚趾弹琴到登上多少演奏家梦寐以求的维也纳金色大厅，刘伟始终用他对生活的满腔希望和内心坚韧不拔的力量，一路寻梦，活成了新一代青年人心中的精神偶像。

书籍推荐：《愿你特别凶狠也特别温柔》

作　　者：蓑依

出版社：青岛出版社2016年7月版

分享人：王莉

分享理由：良好的行为，是人走向成功的基石。哪怕再细小的习惯，也能反映一个人的真实品质。今天，你做到了吗？你不知道该怎么做？想做又懒得去做？好吧，你该去看看这本书。假如情绪很容易控制你，你就得学会控制情绪。考前焦虑？那只是因为你想成功罢了！做不了？那都只是借口。真的想做，你也可以。今天，让自己重新开始，从小事做起，定好目标。看完这本书，迈开你的腿，加油！

参考文献

[1] 范培松.《苏州文化读本》：一本生动好看的苏州文化必读课本[J]. 苏州教育学院学报, 2015（2）: 4-5.

[2] 彭冰. 面向职业的中职语文校本教材开发策略[J]. 职业教育研究, 2010（06）: 24-25.

[3] 李杰. 鄞州本土文化语文校本课程开发和实施的研究[D]. 烟台: 鲁东大学, 2015.

[4] 费香君. 中等职业学校语文活动课程的开发与实施研究[D]. 南京: 南京师范大学, 2007.

[5] 赵光银. 鲁人版《语文读本》的结构特点及合理使用[J]. 吉林教育, 2020（17）: 104.